HEINRICH HÄRTLE

ROM UND HELLAS WARNEN!

TÜRMER VERLAG

ISBN 3 87829 043 8

HEINRICH HÄRTLE

ROM UND HELLAS WARNEN

EROTIK UND ENTARTUNG IN DEN ANTIKEN KULTUREN

TÜRMER VERLAG MÜNCHEN

Einbandentwurf und Schutzumschlag:
HASSO FREISCHLAD

1972

Satz und Druck: Gugath & Sohn · München 21, Tel. 70 10 81
Buchbinderei: Simon Wappes · 8 München 80

EINLEITUNG

Den meisten von uns erscheint das Menschenleben viel zu kurz. Und doch müssen wir durchschnittlich zwanzig, dreißig Jahre unseres Daseins verschlafen. Zwischen Tagwerk und Nachtruhe hat sich die Grenze seit Jahrzehntausenden kaum verschoben. Wie Ein- und Ausatmen sind Wachen und Schlafen Bedingung unseres Lebens. Alle Taten des Tages, die uns die Chronisten der Weltgeschichte überliefert haben, sie wären ungeschehen geblieben, hätte es nicht auch die verschwiegene Zeit des Nichttuns gegeben, die lösenden, wachsenden und sammelnden Kräfte der Nacht.

Noch in die Tageshelle hinein wirken die dunklen Kräfte des Unbewußten viel stärker, als wir uns vorstellen können. Alle großen Denker und Gestalter bezeugen es, daß sie ihr Bestes nicht den bewußten Anstrengungen des Verstandes verdanken, sondern einer begnadeten Schau, seligen Augenblicken der Eingebung und Intuition.

Auch Eros ist kein Gott des Tages. Allem Lebendigen aber schenkt er die zeugenden Kräfte, die in den Tag wirken. Seine Auserwählten sind die Menschen. Der Weg ins Dasein, die Art und Weise, in der pflanzliches und tierisches Leben gezeugt und empfangen wird, erscheint wie das große Vorspiel jenes Geschehens, das einen Menschen zum Leben erweckt. Es vollzieht sich in der Nachtseite unseres Seins. So weit auch die Leistungen des menschlichen Bewußtseins führen mögen, nie erreichen sie die schöpferische Lebensmacht des Eros. Was vermag der Mensch unserer Kultur und Zivilisation nicht alles zu schaffen: Wir sind Träger und Opfer einer Epoche, die bisher unvorstellbare Techniken in den Dienst der menschlichen Existenz stellen kann. Doch was immer wir auch von der Zerstörungswucht der entfesselten Kräfte des Atoms wissen und von deren bauender

Macht erhoffen, es wird nicht ausreichen, auch nur einen Grashalm zu erzeugen. Stärker als alle Mittel sogar der modernsten Technik ist die Kraft des Eros, die aus zwei Polen des Seienden den Funken neuen Lebens schlägt.

Groß sind die Werke des menschlichen Denkens und Tuns in Taten, Rechtsordnungen, Wissenschaften, Künsten. Über welche Macht aber verfügt der Mensch als Zeugender? Alle seine Bewußtseinstaten können keine einzige organische Zelle gebären; die Gaben des Eros jedoch begnaden ihn, Leben fortzuzeugen, einen Menschen ins Dasein zu rufen.

Im November 1768 vereinigte die Liebesumarmung einen Karl Buonaparte und sein Eheweib Lätitia Ramolino, und am 15. August 1769 wurde zu Ajaccio auf Korsika ein Wesen geboren, das als Napoleon Bonaparte die Weltgeschichte bewegen sollte. Beide Eltern stammten aus patrizischem Geschlecht, und Vater und Mutter waren überdurchschnittliche Menschen. Dennoch wüßten wir alle nichts von ihnen, hätten sie sich nicht in einer stummen Sekunde dem Dienste des Eros geweiht, in jenem Augenblick, der sie unsterblich werden ließ, weil er über die Erbanlagen des neuen Menschen entschied, der später Europa beherrschen sollte.

Im Dienste des Eros wirkt der Mensch im Spiele der unbewußt schaffenden Kräfte, der nächtlichen Seite des Lebens. Über die Triebe und Empfindungen wirkt das Unbewußte auch in den Tag hinein, Sehnsucht, Gefühle und Träume spendend. Wo sich Tag und Nacht vermählen, im Frührot und im abendlichen Purpur, leuchten die Farben des Lebens, dort wird Eros, der nächtliche Gott zeugenden Lebens, auch der Verklärer des Tages. Liebende erfahren es, und Dichter und Künstler aller Zeiten haben ihm unzerstörbare Altäre gebaut.

Die Macht der Ratio hat der Mensch mit dem Verlust instinktiver Hilfen und Sicherungen bezahlt. In den tieferen Geistern unseres Jahrhunderts wächst darum mit der Einsicht in die Leistungen des Verstandes zugleich die Angst vor dem Versiegen der unbewußt schaffenden Lebensströme, so stark, daß manche bereits glauben, den eisigen Luftzug des unaufhaltsamen Kältetodes unserer Kultur zu spüren. Die Folgen der zwei größten Kriege der Weltgeschichte, durchlitten in einer Generation, lassen diese Gefahr dunkler und bedrohlicher erscheinen als je zuvor. Notwendig führt eine solche Zeit auch zur Besinnung auf jene Mutterkräfte der Natur, die Heilung versprechen von den Schäden der Zivilisation. In der Natur liegen die Wurzeln der Kultur, und aus ihrem Heimatboden können die rettenden Säfte steigen. Eros aber ist der göttliche Mittler zwischen Natur und Kultur, Körper und Geist, und in seiner Wiederkunft könnten sie sich erneuern. Wir wissen das nicht. Sicher ist uns nur dieses: daß dann, wenn auch seine Hilfe ausbliebe, die Kultur, durch die uns Leben allein lebenswert wird, nicht mehr zu retten wäre.

Diese todernste Verantwortung für das Schicksal unserer Kultur zwingt uns, Macht und Möglichkeit der Erotik zu erforschen, die kulturgeschichtlichen Wirkungen, ihre Hochform und ihre Entartung zur Sexualität, um aus der zeugenden Kraft alles Lebendigen Hoffnung und Glauben für die Zukunft zu schöpfen.

Wenn wir uns mit diesem Willen einer solchen Aufgabe widmen, dürfen wir den Geist Hölderlins beschwören:

„Wer das Tiefste gedacht, liebt das Lebendigste . . .“

INHALT

I. GRUNDGEDANKEN

Diese Untersuchung der fundamentalen Beziehungen zwischen Erotik und Kultur in der Antike soll mit einer Bestimmung und Abgrenzung des Begriffes des Erotischen beginnen. Wird der Begriff zu stark verengt, dann kann er viele Phänomene, die er erzeugt und mitformt, nicht erfassen. Die größere Gefahr liegt aber darin, daß man ihn zu weit faßt und er — wie alle mit einer langen Tradition beladenen Begriffe — vieldeutig aufgebläht und verschwommen wird. Diese rein quantitative Erweiterung des Eros-Begriffes dient nur scheinbar seiner Erhöhung. In Wirklichkeit zieht jede Erweiterung über den begrenzbaren Umfang hinaus Auflösung und Nivellierung nach sich. Die Geistesgeschichte bietet dafür warnende Fälle, die Ausweitung des Geistbegriffes zum Spiritualismus, der Materie zum Materialismus, des Willens zum Voluntarismus, des Vitalen zum Vitalismus. Es soll darum von Anbeginn klargestellt werden, daß hier kein Monismus des Erotischen oder des Sexuellen, kein Pan-Erotismus oder Pan-Sexualismus vertreten wird. Zwangsläufig würden bei einer solchen Begriffsausweitung wesentliche Seinsmomente und Werte um ihre Eigenart und Eigengesetzlichkeit betrogen, ohne den Erosbegriff zu bereichern. Wie großartig ist Platons Idee des Kosmos als „Schönheit"! Doch damit überschreitet er alle kategorialen Grenzen, identifiziert schließlich Eros und Schönheit und wird dadurch weder dem „Eros" noch der „Schönheit" gerecht, denn vieles Erotische ist schön; nicht alles Schöne ist erotisch.

Oder Nietzsches Konzeption der Welt als „Wille zur Macht". Ein genialer Griff, die Rolle der Macht in allem Lebendigen — auch im Geschlechtlichen — gegenüber den idyllischen Vorstellungen von Natur und Kultur schonungslos aufzudecken. Doch wieviel Widersprüchliches, ja Unsinn, hat er niedergeschrieben, weil er Leben und „Wille zur Macht" identifizierte! Wohl enthält alles Lebendige Willen zur Macht. Nicht jedoch, weil das Leben nur Wille zur Macht wäre, sondern weil aller Wille zur Macht eben Leben ist. Das Leben ist der umfassendere Begriff, der den Machtwillen einschließt, nicht umgekehrt. Notgedrungen

verkannte Nietzsche dadurch Lebensbereiche und Werte, die machtneutral oder machttranszendent sind. So deutete er auch die Vereinigung der Liebenden als „Krieg“ der Geschlechter.
Das unserem Vorhaben am nächsten liegende Beispiel jedoch ist Ludwig Klages. Gegenüber der Verallgemeinerung und Vorherrschaft des Geistes in der abendländischen Metaphysik betont er die Lebensmacht des „Seelischen“; der Geist sei der „Widersacher der Seele“. Klages gewinnt dabei eine Reihe psychologisch wertvoller Erkenntnisse. Doch die Ausweitung des Seelischen zum Grundbegriff alles Seins und Werdens verführt ihn, bei nichtseelischen und metapsychologischen Formen und Werten unsinnige Schlüsse zu ziehen. Aus der berechtigten Betonung des Seelischen gegenüber Verstand und Materie wurde ein Pan-Psychologismus ohne Grenzen und Konturen. Wie Platon hat er den Erosbegriff in einem Umfang ausgeweitet und überdehnt, daß ihm das ganze Werden als Schöpfung des „Kosmogonischen Eros“ erscheint.
Dazu mußte er aus der Geschichte flüchten in den sagenhaften und eigentlich utopischen Zustand einer vorgeschichtlichen Zeit, in das „Paradies“ pelasgischer Ur-Kultur, aus dem die bösen Realitäten der indogermanischen Kultur: Geist, Wille, Macht, Staat, Moral, Gesetz verbannt waren. Ein vegetativ-pflanzenhaftes, stets „rhythmisches“ Glück: zurück aus der maskulinen Kultur zum geistfreien Leben, zur Unschuld von Tier, Weib und Kind.
Aus der nüchternen Strenge männlich-solaren-apollinischen Seins möchte Klages untertauchen in einen Pan-Erotismus, im Rausch des Schöpferisch-Unbewußten. Da er in den europäischen Kulturen nirgends den Zustand eines geist- und willenfreien Lebens findet, sucht oder erträumt er ihn im vorgeschichtlichen, voreuropäischen Menschen, in den pelasgischen Urbewohnern. Eros wird dann von Klages mit Dionysos identifiziert, mit dem ungriechischen, ja antigriechischen Gott, den doch Nietzsche nur verwandelt, als Gegengott des Apollinischen, in der hellenischen Polarität bejaht.
Wie der Maler Gauguin flieht Klages aus Europa, verleumdet seine geistige Heimat und kann sie doch nicht vergessen: Schick-

sal einer geistigen Emigration. Er hat den Geist Europas in Frage gestellt und dennoch eine Fülle wertvoller psychologischer Einsichten gewonnen. Der Geist aber hat sich an seinem „Widersacher“ gerächt. Nicht zuletzt dadurch, daß er Klages dauernd und bis zur Komik zwingt, mit den Mitteln des Geistes gegen den „Geist“ zu fechten.

Seine Pan-Kategorie des Seelischen führt Klages auch zu einem monistischen Begriff des Eros. Menschliches Sein aber ist nicht nur unbewußtes, schöpferisches Werden, zeugender Orgasmus, sondern auf der Stufe der Kultur vor allem: Logos, Ethos, Wille, Staat, Form, Tag, Bewußtheit — Geist.

Platon verallgemeinert den Eros für seine philosophisch-theologische Konstruktion; Klages löst die Philosophie auf im rauschhaft-ekstatischen „kosmogonischen Eros“.

*

In der ursprünglichen Rangordnung der Werte in Hellas aber spielt Eros nicht diese alles beherrschende Rolle, die Platon und Klages ihm andichten. Doch auch die spielerische Verniedlichung des Liebesgottes im spätantiken Rokoko zum „Amor“ ist gewiß nicht hellenisch im Ursinne. Weder als Universalgott noch als Göttlein kann Eros jene Macht symbolisieren, die er auf unsere Kultur ausübt.

Im Morgenlicht der antiken Philosophie, um die Mitte des ersten vorchristlichen Jahrtausends, taucht zum erstenmal die „Liebe“ als philosophischer Grundbegriff auf. Empedokles hat eine Theorie der kosmischen Entwicklung entworfen: Werden und Vergehen deutet er als ein Mischen und Entmischen der Grundelemente. Die treibenden Kräfte seien dabei Liebe und Haß. Das umfaßt mehr als der Eros-Mythos, zugleich jedoch auch weniger, denn als gleichmächtige Kraft neben der Liebe erscheint der Haß, der negative Teil der Urpolarität von Anziehung und Abstoßung.

Im Griechentum sind indes bereits alle Möglichkeiten der Deutung des Eros vorgebildet, vor denen wir auch heute stehen:

1. Monismus des Erotischen. Eros identisch mit Lebenskraft, Vitalität

2. Eros gleich Sexus
3. Eros gleich Liebe
4. Eros als Synthese von Sexus und Liebe

Zu 1: Die Identifizierung des Eros mit Lebenskraft überhaupt verkennt, daß Leben zwar mit Geschlechtlichkeit beginnt, jedoch weit darüber hinausgreift. Wenn ich für Leben „Eros" sage, kann ich das Erotische nicht mehr konkret begrenzen, denn dieses ist nur ein Teil der Ganzheit „Leben".

Zu 2: Gilt Eros als identisch mit Sexus, dann kann ich den Teil des Lebens, der über die Sexualität hinausreicht, nicht gleichzeitig konkret als Eros bezeichnen. Erotik ist zu umfassend, um auf Sexualität begrenzt werden zu können.

Zu 3: Was Erotik vom allgemeinen Begriff „Liebe" unterscheidet, ist gerade dies, daß mit Eros etwas ganz Bestimmtes verbunden werden kann: die Beziehung zum Geschlechtlichen. „Liebe" ist so universal, daß ich den Begriff erst mit einem konkret faßbaren Inhalt füllen muß, um etwas Bestimmtes auszusagen: Gottesliebe, Kinderliebe, Musikliebe, usw. Löse ich den Erosbegriff von der konkreten Bindung an das Geschlechtliche, dann gibt es kaum noch eine Grenze, und er wird so farblos, dünn, allgemein wie das Wort „Liebe".

Wenn wir Eros überall dort sagen, wo wir auch Liebe sagen könnten, dann wird dieser Begriff in der Ausdehnung zwar erweitert, im Inhalt dagegen entleert. In dieser universalen Form scheint er darum für unseren Zweck kaum verwendbar. Wir würden bald so und bald so verstanden und müßten bei der jeweiligen Verwendung stets erst näher bestimmen, welch spezifische Art von Eros gemeint wäre.

Zu 4: Liebe ist edler als Erotik in allen seelisch-geistigen Bereichen der Freundschaft, der Bruderliebe, Vaterlandsliebe, Liebe zur Weisheit (Philosophie), Eros indessen ist seinsmächtiger und lebenskräftiger in allem, das an die Ursprünge und Wurzeln auch der menschlichen Existenz hinabreicht: Gattenwahl, Zeugung, Züchtung, Erhaltung und Auslese des Lebens. Wenn die Unterscheidung von Liebe und Erotik einen faßbaren Sinn erhalten soll, dann durch die unmittelbare Beziehung des Eros zum Sexus, zum Geschlechtlichen — in den elementaren Formen bis in seine subtilen Veredelungen. Dadurch, daß wir in der „Liebe“ den umfassenderen Begriff erkennen, gewinnt der Eros seine Begrenzbarkeit und Verdichtung.

*

Als Eros zum Amor oder Cupido, zum „Göttlein“ degenerierte, da verlor er nicht nur seine kosmische Macht, sondern auch jene dämonische, ekstatische, oft auch zerstörende Gewalt des Sexus. Aus dem Liebesgott wurde eine niedliche Allegorie der Verliebtheit, ein frivoles Spiel über den Tiefen der Lebens- und Triebmächte.

Der geschlechtliche Urtrieb des tierischen und menschlichen Seins bewahrt seine schöpferische, zeugende Kraft nur, wenn er durch Instinkte, in Jahrmillionen entwickelt, gebändigt und gesteuert wird. Doch der Mensch hat seine Beseelung und Vergeistigung mit dem Verlust instinktiver Sicherungen erkauft. Der Sexus, beim Tier naturgebunden, kann beim Menschen zur chaotischen Gewalt werden, wenn er nicht durch ethische und kulturelle Gesetze und Gebote geordnet wird.

Die bloße Sexualität beim Menschen, soweit sie überhaupt zu verwirklichen ist, wäre eine Ausartung nach unten, wie die naturwidrige, „reine“ Liebe der Geschlechter eine Entartung nach oben. Beides gefährdet den Menschen: die Denaturierung des Eros zur „Liebe“ wie seine Vertierung zur Sexualität.

Es hat darum nicht nur theoretische Bedeutung, welche Inhalte wir mit dem Erosbegriff verbinden. Wenn wir unser Thema nicht heillos verwirren wollen, muß begrifflich genau unterschieden werden zwischen Liebe, Erotik und Sexualität.

Zwar lassen sich Liebe, Eros und Sexus nicht lupenrein scheiden. Es gibt wie bei den meisten Begriffen Übergänge. Allgemein wäre Erotik zu bestimmen als die Mitte zwischen Sexualität und Liebe. Erotik wurzelt in der vitalen Tiefe und Elementarkraft der Sexualität und gipfelt in der Liebe. Sie gründet im Mutterboden des Triebhaften und strebt in ihren Ästen und Blüten in die Bereiche des Fühlens und Denkens. Erotik ist sowohl veredelte Sexualität wie naturverbundene Liebe. Sie ist Liebe, die im Geschlechtlichen wurzelt, und Geschlechtliches, das durch Liebe sublimiert wurde. Durch Begrenzung nach oben und Verwurzelung von unten her wird der Erosbegriff ebenso extensiv eingeschränkt wie intensiv vertieft. So kann er methodisch leisten, was wir ihm zumuten müssen.

*

Das gesamte Sein und Werden zeigt polare Beziehungen. Sicher ist auch alles Erotische polar, aber nicht alles Polare erotisch. Die erotischen Spannungen sind nicht die einzigen zwischen den Geschlechtern. Nur die „anziehenden", ergänzenden, harmonisierenden, kompensatorischen Gegensätze sind erotisch fruchtbar. Es gibt spezifisch männliche Eigenschaften und Wesenszüge, die weit über das Erotische hinausreichen und das männliche Gesamtverhalten, seine Rolle im Lebenskampf im Ganzen bestimmen. Die Lebensaufgabe des Mannes bestimmt seine Erosrolle, nicht umgekehrt. Ähnliches gilt, wenn auch nicht so weitgehend, für die Frau, bei der schon die Mutterschaft viel mehr umfaßt als die Rolle der Partnerin in der Erotik.

Die Sex-Charaktere sollen weder nivelliert noch überbetont werden. Der Mensch ist auch in seinem Geschlechts-Typ nicht so gebunden wie das Tier. Er hat durch seine höhere Bewußtheit auch eine größere Plastizität in der Entfaltung der sexuellen Anlagen. Manches typisch Weibliche oder Männliche kann durch außerordentliche Einflüsse so stark modifiziert werden, daß sich Weibliches zu Männlichem, Männliches zu Weiblichem wandelt. Die sexuelle Variabilität ist also größer als bei Naturwesen. Das ermöglicht auch die Gefahr einer bewußten Nivellierung der Geschlechtsunterschiede. Über das Bewußtsein können pädagogische, moralische und soziale Einflüsse die polaren sexuellen Anlagen verstärken oder schwächen.

Wie es körperlich keinen absoluten Mann und keine absolute Frau gibt, so auch seelisch und geistig. Es zeigt sich kaum eine menschliche Eigenschaft, über die nur das Weib oder nur der Mann verfügt, sondern ein Vorherrschen des Männlichen über das Weibliche und umgekehrt, ein typisch männlicher oder weiblicher Stil.

*

Schubart untersucht in seinem Buche das Verhältnis von Erotik und Religion, ohne das eine oder das andere klar zu bestimmen und abzugrenzen. Da sein Werk in der Feststellung gipfelt, daß man „Phallos und Kreuz“ in einer „Koexistenz“ vereinbaren könne, mußte er den Protest aller Theologen der Erlösungsreligionen herausfordern. Ein so unbefangenes Verhältnis zum Phallos, wie es Schubart voraussetzt, könnte nur eine Religion haben, die die Natur- und Lebenskräfte mythisch verklärt oder symbolisch heiligt. Die Voraussetzung jeder echten Erlösungsreligion ist jedoch der Argwohn gegen das Leben und seine „Sündhaftigkeit“. Zwangsläufig folgt daraus eine Abwertung des Eros. Der christliche Synkretismus variiert diese Einstellung. Doch wer die transzendenten Vorbedingungen einer Erlösungsreligion konsequent und logisch durchdenkt, der kann zu keinem anderen Schluß kommen: „Erlösung“ bedeutet Erlösung von der irdischen Realität. Diese kann und darf nicht der Eros vollbringen. Irdische Erlösung durch die Geschlechterliebe ist etwas grundsätzlich anderes und wird von den Theologen mit Recht beargwöhnt, weil sie den Erlösungsdrang auf eine allzu natürliche Art entspannt — vielleicht sogar aufhebt.

Die schärfsten Logiker der Erlösungslehre, Paulus und Augustin, sind in ihrem Recht, wenn sie die erotische „Brunst“ abwerten oder verketzern. Eros muß als sündhaft gelten; er ist der mächtige Gegenspieler der Jenseitserlösung in allen abendländischen Ausformungen und Säkularisationen.

Nur sein verschwommener Religionsbegriff verführt Schubart dazu, „Religion und Eros“ als sich wechselseitig bedingend anzusehen. Sein Buch ist eine bedeutende Leistung, aber er operiert ohne zureichende Begriffsbestimmung des Eros wie der Religion und kann deshalb zu keiner überzeugenden Lösung seines Problems kommen.

Was sich dagegen mit einer Bejahung der Lebensmacht des Eros vereinbaren ließe, wäre eine Religion der Natursymbole und Lebensmythen, als Ausdruck des Seinsgefühls von Frühkulturen, ein „magisches“ Deuten und Erfassen der Realität, das der moderne Mensch kaum noch nachvollziehen kann. Gewiß bedeutet dies einen Verlust an Gefühls- und Gemütswerten. Es ist der Preis, den der Mensch bezahlen mußte für seine Emanzipation aus dem naturhaften Sein und die Entwicklung zur modernen Geisteskultur. Aus jenem Paradiese sind wir für immer vertrieben. Der Mensch aber hat durch diesen Verlust an Natur an Kultur gewonnen. Seither muß er auf die mythischen Symbole verzichten, hat sich jedoch in Wissenschaft und Kunst ein höheres Gleichnis des Lebens gestaltet.

Kultur und Eros bedingen einander in hohem Grade, nicht hingegen Erlösungsreligion und Eros, wenn beide folgerichtig verstanden werden.

*

99 von 100 Büchern über erotische Probleme suchen die positiven oder negativen Beweise für ihre Auffassung in der Natur, in der Flora und Fauna und in vorgeschichtlichen oder gegenwärtigen Primitivkulturen. Das bleibt unzureichend. Hier wird immer Analogie mit Beweis verwechselt. Der Kulturmensch muß die Kultur des Eros, die humane, musische Gestaltung aller erotischen Erlebnisse und Beziehungen erstreben. Für diese Aufgabe kann ihm die „Natur“ keine Beweise zeigen, sondern nur Hinweise geben, Möglichkeiten, die sich humaner Veredelung anbieten. Diese sind so widersprechend und bunt, daß aus ihnen jegliche Eros-Bestimmung „bewiesen“ werden könnte: jede Eheform, jede gesunde wie perverse Sexualität. Niedere Lebensformen — bis zu Affen, Vor- und Ur-Menschen und Primitiv-Rassen — können uns kein Vorbild für das bieten, was wir heute als Erotik erstreben. Nicht was „natürlich“ ist, nur was den Ansprüchen der Kultur genügt, soll erstrebt werden.

*

Die von manchen verkündete erotische Polarität von Ich und Sein setzt eine „All-Einheit“ voraus, aus der alles entspringt und zu der alles wieder — nach der „Qual der Individuation“ — zurückkehrt. Die Existenz einer solchen All-Einheit ist nach den Ergebnissen der modernen Evolutionsforschung unbeweisbar. Nie gab es diese Urpolarität, die erst hervorgebracht hätte, was in Arten und Individuen lebt. Die Entstehungsgeschichte unseres Kosmos zeigt eindeutig, daß sich das „Leben“ aus der anorganischen Urschicht in einem Billionen Jahre umfassenden Prozeß zur pflanzlich-tierischen und zur menschlichen Seinsstufe veredelt hat. Wenn auch im Übergang vom Tier zum Menschen noch einige unwesentliche Formen fehlen, aufs Ganze gesehen, sind seit dem biogenetischen Grundgesetz der Aufbau des menschlichen Seins und seine Entwicklung grundsätzlich geklärt. Damit ist bewiesen, daß diese mythisch oder magisch vorgestellte Einheit von Bewußtsein und Sein und also auch die erotische Polarität von Ich und All Utopie sind.

Als Menschen sind wir nur mit unseren niederen Seinsstufen kollektiv verbunden, je primitiver, desto enger: Im anorganischen Teil unseres Seins stehen wir unmittelbar im System der Atome und Elektronen des ganzen Kosmos. Die organische Seinsschicht umschließt auch uns in höherer Form. Dieser unmittelbare Zusammenhang wird besonders deutlich in der Erbbiologie: Unser Dasein und Sosein ist verbunden mit allen Erbströmen vergangener Generationen nicht nur der Menschen, sondern aller Lebewesen.

Wesentlich lockerer ist die seelische Gemeinschaft, die zwischen Menschen noch gelingen kann. Mit anderen Menschen erreichen wir psychisch nie jene unmittelbare Einheit, mit der wir dem anorganischen und organischen Sein verbunden sind.

Noch einsamer ist der Mensch in seinem Bewußtsein, in seiner geistigen Existenz. Zwar findet er einen engen Kreis Gleichgesinnter, von Freunden und Kameraden, und er darf annehmen, daß er mit ihnen in geistiger Gemeinschaft stehe. Je stärker aber die Individualität, je höher die Persönlichkeit ausgeprägt ist, desto einsamer wird sie sein. Diese Vereinzelung läßt sich im Glücksrausch erotischer Vereinigung nicht aufheben, nur für Sekunden vergessen, im Augenblick der Entrückung, wenn Ich und Du im Wir versinken.

Damit bleibt der Mensch auch in seinen erotischen Möglichkeiten in den tragischen Grenzen, die mit dem Selbstbewußtsein einer Persönlichkeit unaufhebbar gesetzt sind. Das Erlebnis des Eros kann diese Schranken nicht sprengen — und schenkt dennoch, wie keine andere Form menschlicher Gemeinschaft, das Glück irdischer „Erlösung“.

Der Mensch, in der Ganzheit seiner anorganischen, organischen, seelischen und geistigen Seinsschichten, kann sich in der erotischen Vereinigung mit dem anderen Menschen zum Wir verbinden. Das ist nüchterner als die Verzückung der Mystiker, kühler als orgiastische Kulte — wenn man den Grad der Entrückung als Wertmaß ansetzt. Dieses Einswerden im Eros wird dennoch in unserer Bewußtseinsstufe ein so unvergleichbar Hohes und Reiches, daß die Kultur des Eros eine der großen ethischen Aufgaben unserer Zeit bleibt.

Von ihrer Bewältigung wird das Schicksal unserer europäischen Kultur entscheidend bestimmt werden. „Religion“ wäre uns dann ein so verstandenes „homo homini Deus est“: Im geliebten Menschen können wir auch das All umarmen!

*

Der in den Erlösungsreligionen gläubige Mensch steht „unmittelbar zu Gott“. Für ihn wäre es die Ursünde, sich gleich innig und tief mit einem menschlichen Wesen zu verbinden. Menschliche Gemeinschaft ist nur gestattet, wenn sie ihm zugleich Medium zu sein vermag für die Vereinigung mit Gott. Die „unio mystica“ gilt als jeder menschlichen Umarmung unendlich übergeordnet. Darum soll die Ehe ein „Sakrament“ sein. Wenn Mann und Weib sich verbinden, muß ein Drittes, Überirdisches sie entsühnen. Nur als „analogia entis“ der Liebe zu Gott ist die mann-weibliche Liebe sanktioniert: die irdisch-zeitliche in der himmlisch-zeitlosen.

Wenn nun dieser Glaube zerbrochen ist? Und wer könnte leugnen, daß der persönliche Gott für viele Menschen bereits gestorben ist? Wie oft ist ihre Gottferne nur noch abhängig vom Grad des Mutes zur Wahrheit. Was ist diesen Menschen geblieben?

Immer noch ist das irdische Leben unendlich reich, auch wo es Sinn und Richtung nicht mehr in himmlischen Erwartungen finden kann. Für Liebende könnte der Verlust der Transzendenz zum immanenten Gewinn werden. Jetzt erst vermöchte das

Erleben des mann-weiblichen Eros das Ich und Du zu vollenden. Kein Drittes mehr steht zwischen den zweien, wenn sich beider Feuer zu einer Flamme vermählt.

Liebe, die nicht mehr ausströmt ins Jenseitige, könnte all ihre Kraft sammeln zu diesseitiger Erfüllung. Vielleicht beginnt hier ein neues Zeitalter menschlicher Beziehungen. Wo die Transzendenz endet, beginnt das irdische Reich des Eros. Dazwischen liegt das chaotische Land der Kulturkrise.

Darum wendet sich diese Schrift nicht zuerst an gläubige Christen. Vielen von ihnen wird sie ein Ärgernis sein, wenn sie auch allen weiterhelfen möchte. Die aber den persönlichen „Gott" verlassen haben, weil er sie verließ, jenen die ersten Schritte in eine neue Freiheit zu erleichtern, das wird auch hier erstrebt. Wir alle müssen das Niemandsland dieser Krise durchschreiten. Viele straucheln, manche fallen; die Tapferen werden das andere Ufer erreichen. Die alte Geborgenheit ist zerbrochen, eine neue könnte leichter gefunden werden mit der Wiedergeburt des Eros.

*

Seit den Anfängen der europäischen Aufklärung hat man in der jenseitsgerichteten Askese den Urfeind der Erotik gesehen. Die nun geschichtlich überschaubaren Folgen des Materialismus lassen jetzt erkennen, daß den Eros eine noch größere Gefahr bedroht: Der Materialismus hat ihn tiefer entwürdigt und entwertet als der Spiritualismus. Genußgier ist nivellierender als Askese. Der Lüstling ist erosfremder als der Mucker. Das Wort Hebbels: „Die irdische Liebe ist nur ein Durchgang zur himmlischen" verneint zwar Eigenwert und Selbsterfüllung der Erotik. Doch primitive Triebhaftigkeit erniedrigt den Liebesakt zur Sexualtechnik. Die christliche Sublimierung ermöglichte europäischen Menschen die Minnelieder und religiöse Liebeslyrik: Dantes Hymnus an Beatrice und ein übersinnliches Ave Maria. Mönchische Askese hatte Eros ans Kreuz genagelt; jetzt versinkt er im Sumpf des Sexualismus.

Die Verneinung der Seele ist erosfeindlicher als die Achtung des Körpers. In der Synthese liegt die Aufgabe; wenn sich Geist und Natur vereinen, Seele und Körper durchdringen, ereignet sich die Polyphonie des Lebens. Im Eros kreisen alle Kräfte:

Sexus — organisch-vital
Eros — körperlich-seelisch
Liebe — seelisch-geistig

Alles Erotische ist auch sexuell — aber nicht alles Sexuelle erotisch. Alles Erotische ist Liebe, aber nicht alle Liebe erotisch. Der Tiefpunkt des Geschlechtlichen ist die Sexual-Technik. Die Höhe des Erotischen wird zur Kunst. Je niedriger die Sexualität, um so mechanischer, je edler die Erotik, desto musischer.

Die mönchische Pervertierung der Werte ließ jene Vorgänge ächten, denen der Mensch sein Dasein verdankt. Materialistische Barbarei verneint jene Seiten des Erotischen, mit denen die menschliche Kultur beginnt.

Eros veredelt den Sexus. Der Mensch lebt nicht, um zu zeugen, er zeugt, um zu leben. Die Befruchtung ist die Saat, nicht die Blüte des Lebens.

Die vollkommene Ehe ist die Vollendung des Eros. Sittlicher aber als Ehe ohne Erotik ist Erotik ohne Ehe. Erotik schließt die biologischen Zwecke ein; nie ist sie in diesen begrenzt. Wie so vieles hat die Erotik mit der Kunst auch dieses gemeinsam: Sie ist sich Selbstzweck wie die Schönheit.

Eros hat am mächtigsten geherrscht, als das Schöne heilig und das Heilige schön war; in der seelischen Heimat aller Europäer, in Griechenland. Hellas hat den Orient überwunden und Rom vorbereitet. Wo die Ursprünge der europäischen Kultur liegen, da können wir Warnungen finden vor der sexualistischen Entartung, aber auch Vorbilder für die erotische Erneuerung unserer Zeit.

II. EROTIK UND RASSE

Einen großen Teil der Literatur über erotische und sexuelle Probleme sollte man mit Handschuhen anfassen. Mehr oder minder versteckt wird darin nur auf die Lüsternheit spekuliert. Von der Antike bis zur Gegenwart hat sich diese anrüchige Ware als marktgängig erwiesen, und die modernen Erzeugnisse unterscheiden sich von jenen der Vergangenheit nicht zu ihrem Vorteil. Die Zote einer naiven Geilheit ist der „wissenschaftlichen Aufklärung" gewichen, und die Frage beantwortet sich von selbst, was schädlicher wirkt: die offen obszönen Bücher früherer Zeiten oder die als „Wissenschaft" oder „Kunst" getarnte Pornographie unseres Jahrhunderts.

Längst hat man die sexuelle Gier literarisch schon derart überreizt, daß auch eine raffinierte Schilderung oder Umschreibung geschlechtlicher Vorgänge blasierten Ansprüchen nicht mehr genügt. Wie in einer gewissen Sorte „moderner" Kunst wird auch in der Aufklärungs-Pornographie nur das Abnorme, das Kriminelle, Krankhafte, Süchtige angeboten und gekauft.

Durch die kommerzielle Ausbeutung ist der Kult des Sexuellen auf seinen Tiefpunkt abgesunken. Zynischer und raffinierter könnte mit dem Obszönen kaum noch spekuliert werden. So muß es sich selbst überschlagen, und vielleicht bereitet sich schon die Wende vor. Ein letzter Rest von Geschmack wird sich gegen diese Schmutzfluten abdämmen, bis sie sich verlaufen und nur noch einen ekelerregenden Geruch hinterlassen.

Doch auch noch dieses wuchernde Unkraut der Pornographie beweist im Negativen die Lebensmacht der Erotik und damit die unerbittliche Notwendigkeit, nach Wegen zu suchen, die aus der Krise herausführen. Vor dieser Thematik zurückzuweichen aus Angst vor falscher Verdächtigung, das könnte nur bedeuten: Verzicht auf die geistige Bewältigung dieses fundamentalen Lebens- und Kulturbereiches. Das wäre Kapitulation vor der Pornographie. Man würde den fruchtbaren Acker erotischer Probleme den Schweinen überlassen oder mit dem Stacheldraht moralisierender Mucker umzäunen.

Doch auch ein berechtigter Einwand muß beantwortet werden: Darf man diese Phänomene der Intimsphäre aus dem bergenden und schützenden Halbdunkel in das Neonlicht der Forschung und der literarischen Durchleuchtung zerren?

Wie auf allen übrigen Lebensgebieten steht es uns modernen, mit der Ratio begabten und belasteten Menschen auch im Reiche des Eros nicht mehr frei, die aufbrechenden Fragen ins Irrationale zu verdrängen. Die erotische Problematik bewegt die Geister unserer Zeit, und sie muß in ihrem Bewußtsein gelöst werden — oder sie bleibt unbewältigt. Eros hat sich vor der Vernunft zu bewähren, oder auch er wird untergehen in der Götter- und Götzendämmerung der Zukunft.

*

Die Französische Revolution hat 1789 als demokratisches Grundrecht die Gleichheit der Bürger vor dem Gesetz proklamiert. Die Spätlinge der europäischen Aufklärung haben dann diese juristische Gleichheit verfälscht zur „Gleichheit dessen, was Menschenantlitz trägt", ohne zu beachten, daß es nichts Ungleicheres gibt als die Gesichter der Menschen; ja, daß diese Unterschiede nur Ausdruck sind für die Ungleichheit der Körper, der Seelen und der Geister. Biologische Ideologen haben — im Gegenschlag zur kultur- und naturwidrigen Egalitätstheorie — dann die Verschiedenheit der Rassen so unsinnig übertrieben, daß man die Charakterhaltung des Menschen nach seiner Körperlänge, die Tapferkeit nach der Haarfarbe und seine Treue nach dem Augenblau beurteilen wollte. Daß beide Extreme die Wirklichkeit verfehlen, zeigt eindringlich das sexuelle und erotische Verhalten der unterschiedlichen Menschenarten. Wie der Dschungel eine andere Pflanzen- und Tierwelt aufweist als unsere Landschaft, so unterscheidet sich auch die Erotik der tropischen Zonen von der jener Gebiete, die als Urheimat des europäischen Menschen gelten. Diese tiefgehenden Unterschiede wird auch kein vernünftiger Mensch leugnen wollen. Ein rassistischer Vorurteile so unverdächtiger Gelehrter wie Bertrand Russel erklärt in seinem Werke „Ehe und Moral": „In extremen Fällen besteht kaum ein Zweifel, daß eine Rasse der anderen überlegen ist."

Wir wollen hier aber gar nicht die Wertfrage nach Über- oder Unterlegenheit beantworten. Die Tatsache der Verschiedenartigkeit als solche ist uns wichtig für unser Vorhaben. Niemand wird ernsthaft bezweifeln, daß Rußland eine andere Kultur geschaffen hätte, wäre es statt von Slawen, Tataren und Chasaren nur von Tataren besiedelt gewesen. Nordamerika wäre mit den heutigen USA wohl kaum vergleichbar, hätten es statt europäischer Rassen auch in den letzten Jahrhunderten nur Indianer bewohnt. Die Kultur der nordischen Länder würde nie entstanden sein, wären sie nur von Eskimos besiedelt geblieben. Wäre Hellas stets nur von der Menschenart bewohnt gewesen, die heute Griechenland bevölkert, es hätte nie gegeben, was wir als antike griechische Kultur bewundern.

Hier drängen sich zwar Wertungen auf, wir aber wollen nur die Verschiedenartigkeit als solche in ihrer Bedeutung für unsere Untersuchung betrachten, überzeugt, daß die erotischen und sexuellen Probleme durch sie wesentlich beeinflußt werden. Gerade in dieser Verschiedenartigkeit der Werte und Formen scheint uns der Reiz und Reichtum auch des Liebeslebens zu liegen. Es wäre nicht nur widernatürlich, sondern auch eine unverantwortbare Verarmung des Lebens, diese Ungleichheit aller Typen und Arten beseitigen zu wollen. Der Einheits- und Standardmensch kann auch erotisch sowenig zum Ideal werden wie botanisch eine Einheitspflanze oder zoologisch das Einheitstier.

*

Der Austausch der Geschlechts-Chromosomen entscheidet bereits darüber, ob ein Mann, Weib oder ein Zwitter entstehen kann. Dabei ist schon dieser Urvorgang durch eine so wesentliche sexuelle Polarität bestimmt, daß nur der Mann X- und Y-Geschlechts-Chromosomen vererbt, das Weib dagegen nur zwei X-Chromosomen. Trifft sich bei der Befruchtung das X-Chromosom des Mannes mit einem X-Chromosom des Weibes, dann muß ein weibliches Wesen entstehen; kommt das Y-Chromosom des Mannes zu einem der X-Chromosomen des Weibes, so kann der neue Mensch nur ein Mann werden. Wenn an der Geschlechtsbestimmung auch noch andere Erbträger beteiligt sind, die Vorbedingung für ihre Wirkung ist jene Entscheidung, die zwischen den X- und Y-Chromosomen fällt.

Das sind Entdeckungen, die längst vor dem Dritten Reich bekannt waren und nach diesem nicht verdrängt werden können. Sie werden nur von jenen geleugnet, die, einem lebensfremden, ja lebensfeindlichen Egalitäts-Dogma verhaftet, sich selbst be-

trügen. Aus einer utopischen Gleichmacherei wird dann nicht nur der erbliche Unterschied der Menschenarten, sondern auch der Geschlechtscharaktere bestritten, um aus der Bastardisierung aller Rassen und der Verwischung der Geschlechtsmerkmale den Einheitsmenschen zu konstruieren.
Der Sextypus aber ist erbbedingt, und wenn auch beim Menschen die Modifizierbarkeit und Plastizität der Erbanlagen größer ist als bei Pflanzen und Tieren — besonders durch die Beeinflussung über das Bewußtsein —, so ändert dies doch nichts an der bestimmenden Kraft angeborener Gaben und Fähigkeiten. Diese Tatsache sollten wir nie vergessen, wenn wir nun Wandlungen und Veränderungen der antiken Erotik durch Umwelt, Mitwelt, durch kulturelle oder zivilisatorische Einrichtungen zu erkunden versuchen.

*

Was Bertrand Russel von den Rassenunterschieden im allgemeinen behauptet, gilt auch für die Sextypen: An den Extremen werden die Verschiedenheiten eindeutig faßbar. Um so grotesker wirkt es, wenn besonders die amerikanische Forschung die erotischen Probleme des modernen Menschen durch Beobachtungsmaterial, das von Primitiven stammt, lösen will. Die Utopie „Mensch gleich Mensch" veranlaßt sie, die intimsten Regungen der Wilden abzutasten, um ein Rezept zu finden für die Hygiene des Liebeslebens der Standardmenschen des „American Century". Soweit hier nicht pornographische Bedürfnisse auf eine neue, exotische Weise ausgebeutet werden sollen, kann dieses Forschungsziel kaum erreicht werden, weil es bei den Primitiven zwar für die niedrigsten Sexualfunktionen manche Analogien gibt, kaum jedoch ein Vorbild für Menschen unserer biologischen Artung und Kulturstufe. Diese „Forschungs"-Methode hat nur allzuviel Ähnlichkeit mit der Manie einer gewissen Richtung moderner Kunst, die ihre Gestaltungsprinzipien bei den Kranken, Infantilen und Primitiven sucht.
Man kann sich ungefähr vorstellen, mit welchen Gefühlen afrikanische, melanesische oder australische Urbewohner eine bebrillte Amerikanerin bestaunen, die sie mit zudringlicher Neu-

gier nach sexuellen Gewohnheiten, Sitten und Unsitten ausfragt: Vielleicht wirkt es für die Ohren solcher Apostel der Sexologie schockierend, wenn wir die Behauptung wagen: Der Unterschied zwischen dem Sexualleben der Pygmäen und der Menschenaffen ist geringer als jener zwischen den sexuellen Antrieben eines Pygmäen-Pärchens und dem Liebeshymnus Dantes an Beatrice. Oder umgekehrt: Der Unterschied zwischen der Liebestragödie von Romeo und Julia und dem Koitus der Buschneger ist größer als die Differenz zwischen der Begattung von Menschenaffen und der australischen Ureinwohner.

Dieser Gegensatz der Extreme soll andeuten, daß wir auch in der Antike nur bei uns biologisch und kulturell verwandten Menschen jenes Bild der Erotik finden könnten, das es uns zu erleichtern vermöchte, einen Ausweg aus der heutigen erotischen Krise zu finden.

Wie schon vierzigtausend Jahre alte Felszeichnungen beweisen, gab es auch in „vorgeschichtlicher" Zeit niemals den Einheitsmenschen und also kaum jene Standardsexualität, die gewisse Forscher und Autoren in ihren Untersuchungen voraussetzen. Das zeigt sich auch bei den Eheformen. Es ist ein Trugschluß, aus der Tatsache, daß gewisse tropische Primitivstämme „mutterrechtliche" Eheformen haben, nachweisen zu wollen, daß in allen räumlichen, geschichtlichen und rassischen Bedingungen sich stets der gleiche schematische „Progress" vollzogen habe: von Promiskuität, Hetärismus, Matriarchat, Patriarchat bis zur gegenwärtigen Ehedemokratie oder der künftigen Sexualanarchie. Es ist unschwer nachzuweisen, daß bei bestimmten primitiven Rassen jene matriarchalischen Ehesitten, die sie heute noch pflegen, bereits in jener Zeit herrschten, als man in den semitischen und germanischen Kulturen und auch in der griechischen und römischen Antike nur das Patriarchat anerkannte. Das ist kein „Fortschritt", sondern ein unterschiedlicher Lebensstil von der Antike bis zur Neuzeit.

*

Wir dürfen also wenigstens für die historisch überschaubaren Zeiträume annehmen, daß eine bestimmte Menschenart in der von ihr geschaffenen Kultur gewisse Grundformen der Ehe und der Erotik beibehalten hat — trotz geschichtlicher Wandlungen im einzelnen. Dabei sei keineswegs bestritten, daß der Mensch als Bewußtseinswesen auch erotisch fremden Einflüssen in hohem Maße ausgesetzt war und sein wird. Darum stellt jede Kultur eine spezifische Mischform dar von ursprünglich angeborenen und fremden, angenommenen oder aufgezwungenen Formen und Werten. Ohne diese Unterscheidung zwischen ureigenen, erbbedingten und übernommenen, fremden Einflüssen erscheint es aussichtslos, Klarheit und Ordnung in die geschichtliche Überlieferung der sexuellen und erotischen Sitten und Gebräuche zu bringen.

Diese Unterschiede zu erkennen ist eine wichtige und freilich auch schwere Aufgabe historischer Deutung. Sie ist fast unlösbar für jene Epochen, für die literarische Zeugnisse und Quellen fehlen. Wo diese spärlich vorliegen, kann das erotische Verhältnis oft nur aus den Eheformen und den daraus abzuleitenden Beziehungen zwischen Mann und Weib erschlossen werden.

III. DER ALTE ORIENT

Das alte Wort: wie der Mensch, so sein Gott, erleichtert die geschichtliche Deutung auch für unser Vorhaben. Die männlichen und weiblichen Elemente in der Gottesvorstellung und ihre wechselseitigen Beziehungen sind ein religiöses Gleichnis menschlicher Erotik. Das wird besonders anschaulich in den altorientalischen Kulturen. Allerdings muß man sich dabei stets bewußt bleiben, daß „Orient“ ein Allgemeinbegriff ist, der sehr unterschiedliche Inhalte umfaßt, mehr noch als der Begriff „Europa“. Auch wenn wir den asiatischen Orient abtrennen und uns auf den Vorderen Orient begrenzen, wird jeder, der diesen Raum mit wachen Augen bereist hat, bestätigen, daß sich neben anderen individuellen Differenzen vor allem zwei Menschentypen unterscheiden lassen: die eigentlichen Vorderasiaten: mittelgroß, dunkel, oft knochig, mit ausgeprägtem Profil, das durch die stark

vorspringende Nase charakterisiert ist, und daneben die sogenannte orientalische Rasse, die Urrasse unserer mediterranen Typen: klein und schlankwüchsig, feinerer Knochenbau, dunkel, weichere Formen.
Wie sich in der Götterwelt und in allen menschlichen Formen diese typologischen Unterschiede ausgeprägt haben, kann hier nur angedeutet werden. Allgemein darf man behaupten, daß Eros- und Eheformen, die zum Patriarchat tendieren, eher dem vorderasiatischen Typus, insbesondere unter Juden und Arabern, entsprechen, dagegen Formen des Matriarchats öfter bei der orientalischen Rasse feststellbar sind. Auch hier muß wieder betont werden, daß die Typen das Extrem sind und der Normalfall nur Mischungsverhältnisse zeigt. Jedenfalls wäre es zu simpel, diese Unterschiede nur auf „Entwicklungsstufen" eines einheitlichen Archetypus zurückführen zu wollen. Im Gegenteil: Die frühgeschichtliche Forschung hat für die Kulturen der orientalischen Antike, der Assyrer, Babylonier, Sumerer, Ägypter, Hethiter, eine stärkere Differenzierung nachgewiesen.

Jahwe und Allah

Wenn auch in den orientalischen Religionen viele Motive zusammenschäumen, lassen sich doch naturreligiöse Fruchtbarkeitskulte und Formen der „Erlösungsreligion" abgrenzen. Stärker, als es einzelne Erscheinungen beweisen könnten, zeigen das die obersten Gottheiten. Die semitischen Gottesvorstellungen sind an den Mann-Gott gerichtet. Der Jahwe der Juden duldet wie der Allah der Islamiten keine Göttinnen neben sich. Er ist der „Herr", einsam, allmächtiger Despot, dem man sich nur mit Furcht und Zittern und kniend zu nahen wagt.
Seine Priester hassen die weiblichen Gottheiten konkurrierender Naturreligionen, die Magna Mater wird zur „Großen Hure", zur „Erzhure". Nicht formlose Triebhaftigkeit bestimmt Erotik und Sexualität, sondern Gesetz, Buch, Bibel, Koran. Der „heidnische" Kult wird verbannt oder in die Verborgenheit verdrängt, der Sexus durch Moralgebote gefesselt und eigentlich nur im Dienste der Zeugung geduldet. Der Staat, der Priester-

staat, regiert und ordnet das geschlechtliche Leben. Ob die Ehe in monogamen oder polygamen oder in Mischformen erlaubt wird, der Mann bleibt Herr der Familie — wie Jahwe oder Allah der Herrscher des Himmels. Das „Er soll dein Herr sein“ ist die Fessel des jüdischen und der Harem die Kette des arabischen Weibes. Das Weib hat keine Seele und darum keinen Platz im Paradies. Im Harem dient es der Erzeugung von Nachkommen und der Wollust seines Herrn. Im himmlischen Harem aber, im „Paradies“ erwarten die Engel, die „Huris“, ihre Gebieter zu ewigen Lüsten.

Diese unwürdige und unfreie Stellung des Weibes in den semitischen Religionen: Kindergebärerin, menschliches Haustier oder Werkzeug der Wollust deutet auf ein Mißverhältnis zwischen Sexualität und Erotik im vorderasiatischen Raum. Es ist der Dualismus von „Geist“ und „Fleisch“, Askese und Triebhaftigkeit, „Gesetz“ und Wollust. Ein Weib, Eva, hat die Sünde und damit den Erbfluch des Lebens verschuldet. Zugleich aber ist es die Partnerin der sexuellen Lüste, die Verführerin zum Verbotenen. Die weibliche Schönheit selbst wird zur „Sünde“: „Lug ist Anmut und ein vergänglicher Hauch die Schönheit; eine Frau, die Jahwe fürchtet, die soll man lieben.“ (Salomo) Die gleiche erosfeindliche Stimmung bezeugt der Jerusalemer Jude Jesus Sirach: „Wende dein Angesicht von schönen Frauen . . .!“

Dadurch herrscht eine Dissonanz in der Beziehung der Geschlechter wie im Verhältnis von Mensch und Natur, Geist und Sinnlichkeit, Eros und Sexus: die unerbittliche Strenge der ehelichen Gesetze, denen das Judentum seine einzigartige biologische Daseinskraft verdankt — und dann doch das plötzliche Auflodern des Triebhaften, der sexuellen Laster und Ausschweifungen, die in den Legenden von Sodom und Gomorrha beschrieben werden. Jahwe soll diese Städte ob ihrer Sündhaftigkeit vernichtet haben. Immer wieder berichtet das Alte Testament über plötzliche Ausbrüche des sündigen Sexus gegen Druck und Zwang des „Gesetzes“.

Doch das israelitische Leben ist nicht nur von diesem Dualismus gespalten. Wie sich die Bevölkerung als eine Mischung nomadischer Wüstenstämme mit einer bäuerlichen Urbevölkerung auch heute noch unterscheiden läßt, wie sich Wüste und Steppe mit fruchtbarem Ackerboden, vor allem in Kanaan, dem „Gelobten Lande", abwechseln, so wird auch der sinnenfeindliche Gesetzesfanatismus manchmal gemildert durch buntere Farben naturhaften Lebens. Oasen erotischen Lebensgenusses mitten in der Wüste der „Gerechten". Neben den in der Furcht ihres überirdischen und irdischen „Herrn" dienenden und duldenden Weibern erscheinen dann auch Frauengestalten, wie sie die europäische Kunst nachgedichtet hat: Esther, Judith, Rahel.

Erbsünde

Diese Ausnahmen widerlegen indes nicht die Regel. Der das erbsündige Leben abwertende Pessimismus, der auf dem semitischen Dasein lastet, kann das Weib nicht als solches bejahen. Lebensächtung zwingt zur Entwertung der Vorgänge, die im Zeugen und Empfangen das Leben schaffen und erhalten, und zur Entwürdigung der Empfängerin, Gebärerin und Hüterin des Lebens. Mit dem Weib wird oft auch jene erotische Kraft geächtet, die Mann und Frau zueinander treibt, damit sie in einem Feste der Sinne und der Herzen die Fackel des Lebens weiterreichen.

Die Ächtung des Lebens zwingt zum Nein gegen das „Fleisch", gegen das Geschlechtliche, wird zum Erbfluch über den Eros: „Verflucht sei die Erde in deinem Werke", das furchtbarste Verdikt, das je über das irdische Leben verhängt wurde; es ist auch ein Fluch gegen die Erotik. Das Weib vor allem büßt Erbsünde und Erbschuld.

Jahwe verfolgt Eros mit eifersüchtigem Haß. Doch der listenreiche Gott geheimer Waffen hat den Eiferern dieses jenseitigen Despoten einen unvergeßlichen Streich gespielt. Einer der schönsten Gesänge der Bibel, das „Hohe Lied", das die jüdischen und die christlichen Theologen zum Brautgesang der Seele in ihrer Gottesbrunst „entsündigt" hatten, enthüllt sich, sobald die Schleier des Moralismus fallen, als Hochzeitsgesang für Sulamith, üppige morgenländische Liebeslyrik. Jahrtausende mußten zwar vergehen, bis zuletzt Herder und dann Goethe dieses eroti-

sche Juwel von der theologischen Umkleidung befreiten und in nackter Schönheit enthüllten. Im 8. Jahrhundert vor Christus war dieser Hymnus aufgeblüht, das „Hohelied Salomos", und nach 2700 Jahren wird es wieder entdeckt durch Goethes erotisches Genie. In den Noten zum „Westöstlichen Diwan" feiert er es als das Zarteste und Unnachahmlichste . . ., „was uns von Ausdruck leidenschaftlicher, anmutiger Liebe zugekommen . . ."
Ein Olympier, der den inneren Bruch der abendländischen Seele überwunden hatte, konnte dieses Kleinod erotischer Lyrik wieder unbefangen bewundern.
Die semitische Seelenspaltung jedoch, der vorderasiatische Dualismus, ist uns in einer anderen Urkunde der Bibel überliefert: ein Fluch auf das Dasein, der wie ein Wüstensturm keimendes und grünendes Leben erstickt. Unheimlich ragt die hagere Gestalt des Hiob aus dem biblischen Hintergrund. In auswegloser Selbstqual ringt der „Knecht Jahwes" mit seinem Herrn, in abtrünnigem Zweifel und kalter Furcht. Heillos verdüstert, schleudert Hiob seine Flüche gegen das Leben:

„Hinweg der Tag,
An dem ich geboren,
Und die Nacht, die da sprach:
Ein Knab ist empfangen!
Jener Tag — Finsternis!
Glanz nicht strahl ihm,
Dunkel deck ihn,
Wolke schatte!
Droben Gott nicht such ihn,
Mittagsdunkel falle,
Aus des Jahwe Kreis getilget,
Bleib er fern der Monde Zahl!
Jene Nacht — unfruchtbar!
Dämpft den Jubel,
Flucht ihr kräftig,
Urzeitzauber!
Morgensterne bleichet,
Morgenrot, verglimm ihr,
Die den Mutterschoß nicht schloß,
Lebensmühsal mir nicht sparte!"

Immer wurde durch die Verwünschung des Daseins auch sein geschlechtlicher Ursprung verflucht, und darum kann niemand die Ursachen der Krisis abendländischer Erotik begreifen, der den folgenschweren Einfluß des jüdisch-christlichen Dualismus unterschätzt.

Wie positiv oder negativ man diese Wirkung auf die europäische Kultur beurteilen mag, für das Judentum selbst führte der dualistische Zwiespalt zwischen Eros und Sexus nicht zu jenen zersetzenden Folgen des Pansexualismus wie im Hellenismus und im späten Rom und heute in der westlichen Zivilisation. Es gab in der gesamten Geschichte des Judentums nicht das, was unsere modernen Sexologen als „freie Liebe“ propagieren. Die Geschlechtssitten durften sich nie allein nach einem individualistischen Lustprinzip richten; stets waren Eros und Sexus einer kollektiven Norm unterworfen, einem „Gesetz“, dem Gesetz Jahwes.

Motiviert wurde dieses Gebot religiös, in seiner Auswirkung aber ergab es die konsequenteste Rassenpolitik, der je ein Volk unterworfen worden war. Heirat und Ehe und damit auch das Geschlechtsleben waren keine Privatsache, sondern religiös gesteuert, in Palästina und in der Diaspora, und zwar in einer Strenge, daß sie Leben und Überleben des Judentums gewährleisten konnten, über 3000 Jahre hinweg, auch in den Jahrtausenden der Zerstreuung. Der hitlerfeindliche Anthropologe Professor Saller behauptet, die Juden seien „als geschlossene Fortpflanzungsgemeinschaft zu einer Rasse geworden“. Eine solche „Fortpflanzungsgemeinschaft“ wurde das hauptsächlich durch orientalische und vorderasiatische Rassenbestandteile bestimmte auserwählte Volk Jahwes nur durch jene Normen, denen die jüdische Sexualität vor 2500 Jahren unterworfen wurde.

Das „Gesetz“ ermöglichte eine Jahrtausende währende Inzucht wie bei keinem anderen Rassengemisch und damit auch eine unvergleichbare innere und äußere Prägung und Typisierung.

Begonnen hat diese Auswirkung einer bevölkerungspolitisch gesteuerten Sexualmoral mit Esra und Nehemia, etwa um 450 v. Chr. Sie haben die hebräische Bevölkerung durch biologische Gettomauern abgeschlossen, so sicher, daß auch von jüdischen Autoren Esra als „der eigentliche Schöpfer des Judentums“ bezeichnet wird. Beide, Esra und Nehemia, kamen im Auftrag des Perserkönigs nach Israel. Nehemia, ein vornehmer und mächtiger Hebräer, vollzog mit strenger Folgerichtigkeit das Gesetz der Thora: „Kein Bastard soll in die Gemeinde Jahwes kommen . . ."

Rücksichtslos erklärte er: „In jenen Tagen sah ich auch, daß die Juden asdoditische, ammonitische, moabitische Frauen geheiratet hatten . . . da erhob ich die Klage gegen sie; einige von ihnen schlug ich und zauste sie bei den Haaren. Und ich beschwor sie bei Gott: ‚Ihr solltet doch eure Töchter nicht ihren Söhnen geben, noch von ihren Töchtern euren Söhnen Frauen nehmen!' "

Esra verschärfte die religiös begründeten Forderungen Nehemias: „Alle diejenigen Priester, die fremdstämmige Weiber haben, und deren Kinder sollen verstoßen werden, auch die fremdstämmig verschwägerten Hebräer." Er zwang der Volksversammlung solche Gesetze auf, denn „der heilige Same" dürfe nicht „durch Vermischung mit fremden Völkern" verunreinigt werden.

Darum gab es auch nur kurzfristig eine jüdische Heidenmission, die „Proselytenmacherei", von der im Talmud festgestellt wird, sie sei für „das Judentum so schädlich wie Geschwüre am gesunden Leibe". 613 Gebote und Verbote bewahrten die Sonderstellung der Juden gegenüber den Nichtjuden, und gerade die religiöse Begründung verschaffte dem „Gesetz" die politische Durchschlagskraft, von Esra bis Golda Meir.

Der größte jüdische Denker der europäischen Aufklärung, Moses Mendelsohn, bestätigt: „Das Judentum ist nicht geoffenbarte Religion, sondern geoffenbarte Gesetzgebung." Dennoch, diese Gesetzgebung vermochte eine so unvergleichbare rassenpolitische Wirkung nur zu erzielen, weil sie sich auf die Autorität Jahwes berufen konnte.

*

Obgleich die orthodoxen Juden in Israel in der Minderheit sind (etwa 20 Prozent) und die politische und soziale Ordnung des zionistischen Staates stark marxistisch und liberalistisch bestimmt ist, hat man den „Schutz des jüdischen Blutes", die Ehe- und Heiratsgesetze, dem Hochrabbinat anvertraut. Noch nach 3000 Jahren regeln die Rabbiner das Familien- und damit das

Sexualleben — und sichern so die rassenbiologische Zukunft Israels.
Eine der großen Frauengestalten der jüdischen Geschichte, Ministerpräsidentin Golda Meir, erklärte 2500 Jahre nach Nehemia und Esra in der Knesseth: „Ohne die Religion wäre die jüdische Nation untergegangen, Mischehen sind die größte Gefahr für die jüdische Nation." („Die Welt", 12. 2. 70)
Solange dieser Wille in Israel und im Judentum herrscht, wird sein Dasein nicht durch zügellosen Sexualismus gefährdet werden können.
Die weitaus höheren Kulturen von Rom und Hellas sind untergegangen, nicht zuletzt an den Folgen der sexuellen Entartung. Das Judentum aber hat Jahrtausende der Zerstreuung überlebt, weil seine Geschlechtsmoral stets im Dienste der religiösen und politischen Gemeinschaft stand. Es gibt keinen stärkeren weltgeschichtlichen Beweis der Bedeutung von Erotik und Sexualität für Lebenskraft und Lebensdauer einer Nation.

IV. GERMANISCHE FRÜHZEIT

In den Grundlagen der europäischen Kultur wurzeln auch Formen und Inhalte des Ehe- und Geschlechtslebens der Europäer. Fundamente unseres biologischen und kulturellen Daseins sind Germanentum, griechisch-römische Antike und Christentum. Das dürfte für jeden Gebildeten als selbstverständlich gelten. Schwierig ist es dagegen, Bedeutung und Stärke der einzelnen Kulturströme einzuschätzen, das Ineinander von Ursachen und Wirkungen zu erforschen und die Ergebnisse folgerichtig zu ordnen.
Niemand wird den tiefgehenden Einfluß des Christentums bestreiten. Mit ihm sind in die germanische Welt zum ersten Male neue und fremde Elemente eingedrungen: Klerikertum, Zölibat, Klöster, Mönche, Nonnen, Sünde, Hexen, Teufel. Auch der griechisch-römischen Antike begegneten wir auf dem Umweg über das christliche Mittlertum. Ohne die Vermischung von

Germanentum und Christentum wären weder Mystik noch Gotik in Europa ermöglicht worden. Und wie stark haben sie die abendländische Erotik beeinflußt!

Doch im Christentum selbst ist vieles nicht-christlich. Es wäre ein fast aussichtsloses Beginnen, die ursprünglich jüdisch-orientalischen Wurzeln und die Einflüsse Hellas', Roms und der Spätantike genau unterscheiden zu wollen. Der starke jüdische Einfluß ist selbst wieder ein Mischungsprodukt des alten Orients, der wiederum im Griechen- und Römertum nachwirkt.

Es ist leicht zu verstehen, daß die spätere Vorherrschaft des Christentums auch zu einer Überschätzung seines geschichtlichen Einflusses und zur Unterbewertung der anderen Kräfte geführt hat. Soviel die Kirche der griechisch-römischen Antike für die Ausgestaltung der eigenen Religion, ihrer theologischen und organisatorischen Formung verdankt — es galt letztlich als Erbschaft einer „ungläubigen" Welt. Fühlten sich die Christen zunächst der antiken Kultur geistig unterlegen, so konnte man sich dem germanischen Heidentum gegenüber nicht nur auf den „einzig wahren" Gott berufen, sondern auch auf eine, wenn auch nur ererbte zivilisatorische und bildungsmäßige Überlegenheit. Gründe genug, diese ebenso „primitive" wie unheimliche germanische Gesittung und Lebensform in das Dunkel der Vergangenheit zu verdrängen, ihre Zeugnisse und Denkmäler auszumerzen oder christlich umzubilden.

So war das Verhältnis von Christentum und griechisch-römischer Tradition von Anbeginn grundverschieden von der Abwehrhaltung dem germanischen Heidentum gegenüber. Die griechisch-römische Überlieferung enthielt zudem manche Elemente, die mit dem jüdisch-orientalischen Wesen enger verwandt waren als mit ursprünglichem Griechen- und Römertum. Man denke nur an die orientalischen Mysterien, an die fremden Kulte, vor allem an die Orphik, die noch in der veredelten Form der platonischen Ideenlehre so stark auf das Christentum gewirkt hat, daß Platon heute noch manchen als präexistenter Christ erscheint. Könnte man beispielsweise die Verwandtschaft des platonischen Eros mit der Vergeistigung des Liebeslebens in der germanisch-christlichen Mystik und Gotik bestreiten?

Diese Verwandtschaft mit gewissen Erscheinungen des antiken Heidentums war auch der Theologie früh bewußt, während ihr das heidnische Germanentum nicht nur als ungläubig, sondern so fremd erschien, daß man seine Götter dämonisierte und dessen Heroen verteufelte. Dadurch ist in den europäischen Völkern das Bewußtsein ihrer germanischen Überlieferung getrübt, wenn nicht erloschen und nicht zu vergleichen mit der Klarheit und Sicherheit, mit der etwa China oder das Judentum die Einheit ihrer vieltausendjährigen Vergangenheit leben oder nacherleben.

Griechen, Römer, Germanen

Die Verschiedenheit des Liebes- und Ehelebens in den orientalischen und europäischen Kulturen wäre gar nicht erklärbar, könnte man sie nicht auf typologische und biologische Unterschiede zurückführen. Wie die Vorderasiaten heute im wesentlichen in ähnlichen Geschlechtssitten leben wie ihre Vorfahren in der biblischen Zeit, so sind umgekehrt in Europa noch Eigentümlichkeiten des Familien- und Geschlechtslebens lebendig, deren Ursprung bis in die altgermanische Zeit nachzuweisen ist. Jenen Bestandteilen der antiken Kulturen, die den orientalischen verwandt erscheinen, stehen andere gegenüber, die wir noch heute als typisch griechisch oder römisch und als uns verwandt empfinden. Die Begegnung mit ihnen konnte uns darum als „Renaissance“, als Wiedergeburt erscheinen. Sprach- und Spatenforschung haben inzwischen nachgewiesen, daß dieses seelische Heimatgefühl, das in uns bei der Erforschung des Griechen- und Römertums erwacht, nicht nur durch die geschichtlichen Einflüsse, sondern auch in biologischer Verwandtschaft begründet ist. Die altgriechischen und die altrömischen Stämme waren wie unsere germanischen Vorfahren Angehörige der indogermanischen Völkerfamilie, die in verschiedenen Wellen in jene Räume um das Mittelmeer einwanderten. Hier sind die Gründe dafür zu suchen, daß wir die Begegnung mit der antiken Kultur wie ein Wiedererinnern empfinden können, während die Christianisierung den germanischen Widerstand herausgefordert hat.

Es ist müßig, Erwägungen darüber anzustellen, wie die europäische Geschichte verlaufen wäre, hätte die antike Kultur so lange und so stark wie der Orient auf uns gewirkt oder dieser so spät und so passiv wie die Antike. Jedenfalls bedeutet diese Entwicklung in der germanischen Tradition einen Bruch, der so tiefgehend war, daß es uns heute schwer wird, ein unmittelbares Verhältnis zur eigenen Vorgeschichte zu finden.

Die geschichtliche Vergangenheit ist hier allerdings auch schwieriger zu erschließen als bei den klassischen und orientalischen Kulturen, weil schriftliche Quellen fehlen, die Runen erst verhältnismäßig spät entstanden und mehr Sinnbilder als Schriftzeichen gewesen sind.

Wir wissen heute mit ziemlicher Sicherheit, daß nicht Asien die Urheimat der indogermanischen Kulturvölker ist, sondern Nord- und Osteuropa. Aus diesem Bereich wanderten in Jahrtausende umfassenden Wellen die ursprünglichen Inder, Iraner, Dorer, Latiner, Italiker in jene Räume, in denen sie unvergängliche Denkmäler und Zeugnisse ihrer Kulturkraft hinterlassen haben. Mit ihnen wanderten ihre Eheformen und Geschlechtssitten, die heute noch, trotz aller Umwelteinflüsse, in ihren Grundzügen erkennbar sind. So herrschten zum Beispiel in keinem der indogermanischen Völker, solange sie sich selbst treu blieben, mutterrechtliche Zustände.

Die Auseinandersetzung mit fremden Kulturen unterworfener oder angrenzender Völker wurde für Griechen und Römer Anreiz und Herausforderung zur rechtlichen, sittlichen, staatlichen und künstlerischen Selbstbehauptung. Nur der germanische Zweig der indogermanischen Stämme blieb in der Urheimat. Er hat sich dadurch am längsten artrein erhalten. Doch es fehlte ihm auch der Zwang, am Gegenbild des Fremden das eigene Wesen auszugestalten und zu klarer Bewußtheit zu formen. Wer also die Kultur dieses Volkes nur nach der Zahl der Kunstwerke und Schriftdenkmäler wertet, wird jenen Teil der Indogermanen als kulturell unterentwickelt mißdeuten. Es gibt aber nicht nur eine Kultur der Kunstwerke, sondern auch der Lebensordnung. Diesen verwegenen Kriegern, kühnen Seefahrern und kunstfertigen Handwerkern wird man große kulturfähige Anla-

gen kaum bestreiten können. Eine jahrhundertelang gestaute und gespeicherte Gestaltungsgabe, die Naturanlage zur Kultur, spricht eindeutig aus ihrer Gesittung und Sippenordnung, aus dem Ehrengesetz ihres Lebens, das sich die Bewunderung eines Tacitus und Julius Cäsar zu erringen vermochte.
Roms größter Historiker hat ein Bild germanischer Menschen überliefert, das durch die neueren Forschungen im wesentlichen als geschichtsgetreu bestätigt wurde. Die erste geschichtlich faßbare Gestalt, Ariovist, zwingt einen Cäsar, ihm ins Elsaß zu einem Gespräch entgegenzureiten, und in dieser Unterredung begegnet der Führer „wilder Germanenhorden" dem römischen Halbgott als ebenbürtiger Feldherr. Ariovist, Arminius und Theoderich sind persönliche Verdichtungen jener Kraft, die gegen die zahlenmäßig oft dreißigfache Übermacht Roms in einem fünfhundertjährigen Ringen die germanische Vorherrschaft begründete.
Diese Kraft kam aus einer Lebensordnung, die von Kriegern und Bauern gebaut und beherrscht war. In ihren rauhen und kargen Gefilden wird man kaum die üppige Vegetation orientalischer Sexualität entdecken. Man findet keine orgiastischen Kulte oder religiösen Ekstasen, und wo dieses von Sippenfehde und Blutrache umdrohte Leben sich selbst überhöht, da geschieht es in heroischer Tragik.

Erotik und Sippenehre

Grönbech, der große dänische Deuter der frühgermanischen Seele, vermag in seinem über 400 Seiten umfassenden Werke „Kultur und Religion der Germanen" kaum zwei Seiten der Erotik zu widmen. Dabei hat er nicht nur das Zeugnis von Tacitus und Cäsar, sondern vornehmlich die nordischen Sagen ausgewertet. Der allergrößte Teil dessen, was Römer und Griechen über die Germanen schrieben, sei, stellt Grönbech fest, in seiner Art richtig. Doch erst verbunden mit den Überlieferungen der Südgermanen und vor allem der Wikinger („Männer von Kultur") ergäbe sich das vollständige Bild: „Die Nordländer sind Kulturvölker im vollsten Sinne des Wortes."

Doch kann man die Wirklichkeit des altgermanischen Liebeslebens fast nur aus dem Rang von Mann und Frau in der Ehe und aus Hochzeits- und Sippenbrauch deuten. Auch die Sänger und Dichter der Sagas hätten nach Grönbech „kein Bedürfnis, von dem Verhältnis zu Frauen zu sprechen, wenn nicht gerade etwas Praktisches mitzuteilen ist". Die Frau fände nur als Walküre „oder wenn sie sie zum Streite aufreizt", Raum in der Dichtung. Und Peukert urteilt im Vergleich von Orient und Germanien:

„Wenn das Geheimnis des Daseins dort das ewige Empfangen, die Wollust, der Rausch ist, der der Grausamkeit verschwistert scheint — hier kostet das Sein sich in der männlichen Begegnung, in der Männertat, dem Kampfe."

Die Ehre der Sippe befahl das eheliche Grundgesetz: „Das gilt für den Mann wie für die Frau. Auch bei dieser wird Unterordnung unter den Willen und das Interesse ihrer Sippe als selbstverständlich vorausgesetzt. Sie wird durch die Eheschließung in der von ihrer Sippe geübten Gattenwahl Ehre und Glück für sich selbst finden: das ist der durch ihr Sippengefühl genährte Glaube, in dem sie lebt, wenn sie in die Ehe gegeben wird." (Grönbech)

Man könnte annehmen, ein derart von Kampf und Krieg beherrschtes Dasein dürfte der Frau keine dem Manne ebenbürtige Lebensrolle gestatten. Doch alle römischen und germanischen Urkunden bezeugen das Gegenteil. Wie nirgends in den orientalischen und antiken Kulturen steht die Frau gleichberechtigt neben dem Mann, Herrin neben dem Herrn. Noch im Mittelhochdeutsch ist der Ursinn des Wortes „Frau" erhalten: „Vrouvre", althochdeutsch „frouwa", ist die weibliche Form des „Fron" — „den Herrn betreffend" (vgl. Fronleichnam, Fronvogt). Frau heißt also ursprünglich Herrin. Als solche ist sie nicht Dienerin des Hauses oder sexuelle Partnerin, sondern Gefährtin gemeinsamen Schicksals. Tacitus bezeugt das aus dem Hochzeitsbrauch, weil die Frau dem Manne als Brautschatz „ein gezäumtes Pferd, einen Schild, ein Schwert" übergibt und sich so seinem Kriegerschicksal verpflichtet. Bergthora, Njals Gattin, sagt es für viele: „Jung wurde ich Njal gegeben; das habe ich ihm versprochen: Ein Schicksal soll uns beide treffen." Haus- und Sippenehre trägt die Germanin in gleicher Verantwortung. Darum trifft sie auch deren Verletzung mit unerbittlicher Härte. Wenn eine Frau das Haus ihres Vaters oder ihres Mannes entehrt hat, wird sie mit Peitschenhieben vom Hof getrieben oder gezwungen, sich selbst das Leben zu nehmen. Das bestätigt noch Bonifatius.

Gesittung

Ehre oder Unehre hat die Frau zuerst in ihrer Verantwortung als Hüterin des Lebens, als Mutter kommender Geschlechter. „Keine Ehe durfte die Kluft zwischen Edel und Frei überbrükken." (Grönbech) Auf Artung und Entartung ist das Gewissen des germanischen Weibes verpflichtet. Noch in den Zeiten König Gunnthrams bezeugt ein Bischof Sagitarius: „Wie können die Söhne des Königs jemals herrschen, wenn ihre Mutter von der Knechtsbank geradenwegs in das Bett des Königs gegangen ist?" In dieser Gesinnung gründet die oft geschilderte Heiligkeit der germanischen Ehe. Ehe heißt noch auf althochdeutsch „êwa", „Gesetz", und der zentrale Sinn dieses Gesetzes ist die Sicherung der Sippe in Nachkommen ebenbürtigen Geblütes. Darum sieht auch Tacitus in der Hochzeit das feierlichste Ereignis frühgermanischer Sippen.

Wenn Treue als hoher germanischer Wert allgemein anerkannt ist, so muß sie auch die Beziehungen der Ehegatten bestimmen, und auch dies setzt gleichen Rang voraus. Doch es ist diese Treue zur Sippe, kein individualistisch-juristischer Zwang, der dem Manne vorschriebe, außer der Herrin seines Hauses kein Weib zu berühren. Für Häuptlinge und Hochgestellte ist die Existenz von Kebsweibern verbürgt, deren Kinder aber nur als „Bankerte" gelten, nicht als Ebenbürtige. Darin sieht die germanische Mutter die Sicherung ihres Ranges, nicht in einer monogamen Bindung des Mannes im neuzeitlichen Sinne. „Die Ehe der heidnischen Zeit verlangt vom Ehemann nicht die geschlechtliche Treue. Die Schranke aber wird ihm gesetzt durch die Sippe der Partnerin seines außerehelichen Geschlechtsverkehrs, wenn er gegen deren Rache- und Bußrecht verstößt." (Peuckert)

Übrigens gab es bei den Germanen, ähnlich wie bei den Römern, zwei Formen der gesetzlichen Ehe. Den beiden altrömischen Regelungen „legitimus" und „concubinatus" verwandt waren die germanischen Heiratsformen mit „munt" oder „manus" und ohne diese die sogenannte Friedel-Ehe. Eine Heirat nach diesem Rechte hieß „lose Hochzeit", bedeutet indes keine Minderung der Stellung der germanischen Frau, etwa wie bei der Kebse. Die Friedel war eine Freie, die Schlüsselgewalt hatte und als Hausherrin galt. Ihr Verhältnis zum Ehemann war insofern freier, als sie nicht in die „munt" des Gatten geriet und damit nicht in die Sippe des Mannes eintreten mußte. Die Friedelehe ermöglichte es dadurch besonders Fürstentöchtern, Männer aus niedrigerem Adel zu heiraten. Die Töchter Karls des Großen haben solche Ehen geschlossen, nicht Konkubinate, wie die kirchliche Überlieferung behauptet. Die Friedelehe verminderte weder Rechte noch Ansehen der aus ihr geborenen Kinder, wie Hans F. K. Günther feststellt („Formen und Urgeschichte der Ehe").

Peuckert verweist darauf, daß in den älteren germanischen Jahrhunderten die Mehrehe nicht ausgeschlossen war.

Dieser naturstarke Rohstoff der Kultur konnte sein Verhältnis zum Weibe nicht jederzeit durch monogame Moral regulieren. Das minderte jedoch nicht Rang und Würde der Frau. Der Ehrenschutz der Frauen einer Sippe war dennoch unabdingbare Verpflichtung jeden Mannes des Sippenverbandes. Die nordgermanischen Gesetzbücher stellen fest, wie auch Peuckert bestätigt: „Findet ein Mann sein Weib im Bette zusammen mit einem Buhlen, steht ihm das Recht zu, diesen ohne weiteres zu erschlagen, und kommt das Weib dabei ums Leben, bleibt er dennoch straffrei."

Heilige Frauen

Wir kennen kaum Bilder und Plastiken aus jener Zeit; das wenige deutet indes an, daß die Gestalter hellenischer Frauenschönheit auch in Germanien Vorbilder gefunden hätten. In ihrem Klagegedicht schildert Radegund tote Thüringerinnen, „die durch goldigen Schimmer des Haares übertroffen das Gold

selbst, Frauen, so weiß wie Milch, lagen zu Boden gestreckt . . ".
Der hohe Rang der Frauen wird nicht zuletzt dadurch verbürgt, daß die Germanen, die keine Propheten und Sibyllen kannten, Frauenrat suchten und auserwählte Frauen als Seherinnen verehrten. Das bezeugt auch Tacitus in dem berühmten Satze: „Sie glauben, es wohne den Frauen etwas Heiliges und Ahnungsvolles inne, daher verschmähen sie ihren Rat nicht, sondern beherzigen ihren Bescheid. Haben wir es doch unter dem verewigten Vespasian erlebt, daß Weleda bei ihnen lange Zeit weit und breit wie ein höheres Wesen verehrt wurde, aber sie haben einst auch der Aurinia (oder Albruna) und einigen anderen Seherinnen gehuldigt, doch nicht in niedriger Schmeichelei oder als wenn sie sie erst zu Göttinnen machten . . ."
Dies ist von grundsätzlicher Bedeutung, daß jene „heiligen" Frauen frei sind von Magie und Zauber, im Bereich menschlicher Möglichkeiten bleiben, wenn man sie wegen ihrer seherischen Gaben verehrt. Hier zeigt sich eine indogermanische Haltung, eher die Götter zu vermenschlichen als Menschen in Götter und Götzen zu verwandeln. So wird auch ein wesentlicher Unterschied sichtbar gegenüber der christlich-orientalischen Religiosität, die ungewöhnliche Frauen entweder aus allem Irdischen in den Himmel erhebt oder zu Hexen verteufelt. Die Frau als Hexe zeigt den äußersten Gegensatz zwischen heidnisch-indogermanischer und christlicher Frauenwertung.
Das um 1050 entstandene Epos „Roudlieb" schildert noch im Mittelalter die Ebenbürtigkeit der germanischen Frau im ritterlichen Vermählungsbrauch. Der Mutterbruder hat die Gesippen zur Feier vereinigt. Auf das beiderseitige Jawort, dem die Frau hinzufügt, sie erwarte dauernden Minnedienst, zieht der Bräutigam sein Schwert, schwingt es über dem Haupt der jungen Frau und reckt es ihr entgegen, nachdem er aufs Heft des Schwertes einen Ring gesteckt hat, mit den Worten: „So wie der Ring am Finger, ganz und gar ohne alles Ende, lege ich dir Treue und Liebe auf für alle Zeit! Die mußt du behalten, oder du wirst durchs Schwert enthauptet werden." Doch die Braut verweigert den Treueeid auf Ring und Schwert, sie fordert gleiches Recht und gleiche Pflicht: „Warum sollte ich dir eine bessere Treue

halten als du mir? Du willst, so kann ich jetzt aus deinem Fordern schließen, dir noch eine Buhle sichern. Geh! Lebe wohl und buhle, soviel du nur immer magst. Doch ohne mich! Es gibt so viele auf der Welt, die ich genauso gut, vielleicht noch besser nehmen kann als dich!“ Die Antwort des jungen Ritters: „Dann will ich der Güter, welche ich dir übergebe, ganz und gar verlustig sein, und du magst mir das Haupt abschlagen lassen oder selbst abschlagen.“ So wurden sie eins und küßten sich.

Dieser ebenbürtige Rang der Frau dürfte im germanischen Leben klarer nachzuweisen sein als bei den anderen indogermanischen Völkern. Wie nahe verwandt diese Frauenverehrung ist, zeigen die Symbole des Schicksals als Frauengestalten. Homer berichtet von einer Moira (Moira = Lebenslos), deren Spruch sich sogar Götter fügen mußten. Hesiod kennt drei Moiren, Klotho die Spinnerin des Lebensfadens, Lachesis, die das Los bestimmt, und Atropos, die den Lebensfaden abschneidet. Ihnen entsprechen in Rom die drei Parzen. Im Germanischen sind drei Nornen als mythische Frauen bekannt: Verdandi und Skuld, die den Faden des Schicksals flechten und weben, und Urd, die ihn zerschneidet. Noch in Shakespeares Dramen ist ihre Macht bezeugt. Das ist jene Ehrfurcht vor dem Schicksal, die sich in der Edda, der Völuspa, offenbart:

„Gut haben wir gekämpft;
Wir stehen auf Gotenleichen,
Aufrecht, ob schwertmüde,
Wie Aare im Gezweig;
Heldenruhm gewannen wir,
Sterben wir heut oder morgen:
Niemand sieht den Abend,
Wenn die Norne sprach.“

Ähnlich wie Hiob steht der Skaldensänger allem Optimismus und tröstender Romantik fern. Und doch, wie grundverschieden: der lebenächtende Pessimismus dort und hier ein gehärtetes Herz, unbezwungen im Schicksal.

Wie da die Sendung der Frau begriffen wird, kann nur ermessen, wer bedenkt, daß im Germanischen der Schicksalsglaube ungleich mächtiger war als eine Jenseitsvorstellung. Wie bei den Moiren unterliegen auch bei den Nornen die Götter dem Schicksal, dem Weltengesetz: „Auch Götter müssen sterben“, dieses Wort hat Nietzsche als „urgermanisch“ empfunden.

Stärker kann die Lebensrolle der germanischen Frau nicht zum Gleichnis werden, als wenn der Götterfürst, der runenweise Odin, der ein Auge opfert, um Erkenntnis zu gewinnen, selbst herabkommt auf die Erde und die germanische Seherin Wölwa aus dem Tode ins Leben zurückruft, um von ihr Rat und Wissen zu erfragen.

Odin-Wodan werden nicht paradoxe Attribute verliehen wie „allmächtig“, „allgütig“, „allweise“, durch die eigentlich Macht, Güte und Weisheit aufgehoben werden, weil ihr Gegenteil nicht mehr vorausgesetzt wird. Er ist der idealisierte Germane, wie Zeus der vergötterte Hellene, mit seinen Tugenden und Fehlern. Beide leben nicht wie Allah und Jahwe unbeweibt im jenseitigen Zölibat.

Die Verwandtschaft, wenn auch nicht Gleichheit des erotischen Leichtsinns griechischer und germanischer Göttinnen, über die Loki in der Lokasenna spottet, ist offensichtlich, auch die Ähnlichkeit der Abenteuer Odins mit griechischen Götterfabeln (Zeus - Hera, Odin - Freyja) (vgl. Peuckert).

Freyr, Hüter des Friedens, des Wohlstandes und der Äcker, lebt in der Ehe mit Frija oder Frigg, die auch als Gemahlin Odins verehrt wird. Freyr erscheint in nordischen Hochzeitsbräuchen. Spuren phallischer Kulte sind im Norden selten nachweisbar; es gibt jedoch ein phallisches Freyr-Bild in Alt-Uppsala. Freyja, älter Frigg, gilt als nordische Fruchtbarkeitsgöttin, an die noch unser Freitag erinnert oder erinnern sollte. Ihr Name wird auch einfach als „die Geliebte“ gedeutet (J. d. Vries). Ein anderer Forscher betrachtet sie als nahe verwandt mit indogermanischen Liebesgöttinnen: „Die Gleichsetzung der griechisch-römischen Liebesgöttin mit althochdeutsch Frija, altnordisch Frigg, ist sachlich berechtigt, denn deren Name ist urverwandt mit altindisch priya, Geliebte.“ (Kluge-Götze)

Im Norden fehlen tropisch-orgiastische Kulte, aber auch die selbstquälerische Askese. Es gibt nicht jene orientalischen Verzückungen und Ekstasen, doch auch keine Sünder und Büßer des Sexus.

Daß man im altgermanischen Leben den geschlechtlichen Vorgängen mit naturhafter Unbefangenheit gegenüberstand, darauf deuten Fruchtbarkeitssymbole bis in bäuerliches Brauchtum unserer Tage. Die phallische Garbenpuppe, das Brautlager auf dem Felde u. ä. erinnern daran. Auch die sogenannten Gebildebrote mit unbekümmerter und oft drastischer Darstellung der Geschlechtsorgane weisen noch heute darauf hin, wenn auch der Ursprung vergessen ist.
Es sind im eigenwüchsigen germanischen Dasein kaum Spuren von Mutterrecht nachweisbar; die Familie und Großfamilie, die Sippe, leben als biologische Gemeinschaft. Die hohe Schätzung der Mutterschaft ist erwiesen. Im Germanischen wird die Weihnacht auch als „Mutternacht" bezeichnet. Daß die Mutterschaft, und was zu ihr führt, „unrein" sein könnte, eine „Befleckung" — im Gegensatz zur kirchlichen „Unbefleckten Empfängnis" —, dies wäre für die nordische Antike eine unvollziehbare Vorstellung.

Eros und Ehre

Den Unterschied zwischen germanischer und semitischer Wertung des Weiblichen und Erotischen zeigt der Vergleich der Walküren mit den islamitischen Huris. Die Walküren schützen den Krieger im Kampf und geleiten die Gefallenen nach Walhall, wo sich die Auslese der Tapferen um Odin vereint, zu Spiel und Trunk und ewigem Kampfe. Dieser Krieger-Olymp ist „eine spätnordische nachheidnische Vorstellung" (A. Heusler). In der Romantik hat man Walhall und die Walküren, die ursprünglich wahrscheinlich Schlachten-„Engel" waren, schwärmerisch verklärt, zuletzt im Wagnerschen Musikdrama. Nie aber spielten die Gehilfinnen Odins eine ähnliche Rolle wie die „Huri" im jenseitigen Paradies des Islam, jene himmlischen Buhlerinnen im ewigen Freudenhaus der Gläubigen Allahs.
Da für die frühgermanische Kultur Zeugnisse in Schrift und Stein selten erscheinen, sind wir auf Mythen und Sagen angewiesen. In den Skaldengesängen der Nibelungen begegnet uns aber mit der ersten monumentalen Dichtung der Germanen zugleich ein Kunstwerk von hohem Rang, vergleichbar nur Wer-

ken der Weltliteratur. Wenn die formale Gestaltung manchmal unausgeglichen erscheint, inhaltlich sind die Gesänge Zeugnisse einer dichterischen Genialität, wie sie uns nach der griechischen Tragödie erst wieder in Shakespeareschen Dramen begegnet. Nicht zu Unrecht spricht man von einer Ilias des Nordens. Wie die indogermanischen Hellenen eines schönen Weibes wegen, für Helena, die Kämpfe um Troja führen, so steht eine germanische Königstochter, Kriemhild, im Mittelpunkt einer Tragödie menschlicher Charaktere von düsterer Heroik. Die Ehre als Hauptwert des germanischen Ethos und die männermordende Blutrache, herausgefordert durch Treue und Treuebruch, reißen mit unwiderstehlicher Macht ein Königsgeschlecht in den Abgrund.

Nicht Siegfried und Brunhild, sondern Hagen und Kriemhild sind die stärksten Gestalten der Ur-Tragödie des germanischen Charakters. Für Helena, für die Schönheit, kämpfen und bluten in zehnjährigem Kriege griechische Helden; die Nibelungen gehen unter in einem die germanische Welt im Tiefsten erschütternden Ringen um Mannes- und Frauenehre. Am Gegenbild ihrer Rachsucht können wir ahnen, welche Leidenschaft in einer germanischen Frau zu lodern vermag. Wie stark muß eine Liebe gewesen sein, daß sie in einen solchen Haß umschlagen konnte! Was hatte Kriemhild mit Siegfried verloren? Erst am Blutzoll dieser Vergeltung wird offenbar, wie tief der Tod des strahlenden Helden die Königstochter getroffen hatte.

Der spröde, nüchterne Norden kennt nicht die orientalische Sexual-Orgiastik. Aus dem germanischen Epos glüht die kaltheiße Glut einer Leidenschaft, ein Lebensrausch in Kampf und Tod, den Ludwig Klages als die germanische Form des „kosmogonischen Eros" begreift: „Der zum Einherier vorbestimmte Krieger erlebt den Schlachtentod als Kuß der Walküre und erwacht aus qualentrunkenem Dunkel des Unterganges im Totenreich der Walhalla!" Das mag als spätromantische Deutung erscheinen — Klages ist dennoch auf der Spur des Auslotens einer grundlosen Lebenstiefe. Sein Antipode, Oswald Spengler, nähert sich dem weiblichen Urphänomen indogermanischer Leidenschaft auf anderem Wege: der Mann erlebe Schicksal — das

Weib hingegen sei Schicksal; mythisch als Moira, Parze, Norne: „Es gibt Liebeslyrik und Kriegslyrik, aber bis in die Abgründe von Klytämnestras und Kriemhilds Rache reicht nichts in der politischen Welt."

Klages geht zu weit, wenn er die griechische Männerliebe — nicht die platonisierte Knabenliebe — mit der germanischen Mannestreue in eine Analogie stellt. Der Vergleich beweist eher den Abstand des Germanischen auch zum Hellenischen, des nordischen Eros zum griechischen.

Verwandtschaft und Verschiedenheit verbinden Apoll und Baldur, Herakles und Siegfried, Aphrodite und Freyja. Was ihnen verwandt ist, trennt sie gemeinsam von den orientalisch-semitischen Mythen.

Nur aus diesen weitgespannten Beziehungen läßt sich der germanische Eros nachträglich deuten. Der palästinensische Messias hat den nordischen Lichtgott Baldur verdrängt. Das Nibelungen-Epos wird weder Kindern noch Erwachsenen so nahegebracht wie die biblischen Legenden. Dennoch: Der tiefer Lotende wird auch in der Erotik nicht nur nordeuropäischer Menschen Werte entdecken, die neuzeitliches Erleben mit frühgermanischer Haltung in einem seelischen Erbstrom verbinden, so wie Gestalt und Antlitz jener Menschenart immer noch wiedergeboren werden.

Die „Liebe" war nicht der Höchstwert der altgermanischen Gesittung. In der bleichen Sonne des Nordens erblühten die zarten Keime nicht üppiger. Das Geschlechtliche behielt jedoch seinen urtümlichen Sinn als jene Kraft, die dem „Geschlechte" dient, der Familie und Sippe, der Sicherung gesunder und ebenbürtiger Nachkommen. Die germanische Ehe war die Brücke zwischen Ahnen und Erben, und von ihr erhielten die erotischen Beziehungen zwischen Mann und Weib Sinn und Form.

Ehre, nicht Liebe, war der Hauptwert germanischen Lebens. Sie verpflichtete Mann und Weib — und noch die Götter. Freier als sonst eine Menschenart, gegen Nachbarn, Fürsten und Götter, war der Germane im Charakter gebunden. In den Grenzen der Sippenehre konnte sich das Geschlechtliche frei entfalten, gleich fern von Orgiasmus und Askese. Auch Eros stand dort unter dem Gesetz, das sich jener germanische Bauer selbst befahl, der in Niedersachsen Haltung und Hof durch die Inschrift gekennzeichnet hat:

„Ehre ist Zwang genug."

V. HELLAS

Jeder Kulturmensch hat zwei Vaterländer: seine Nation und Hellas. Wenn der Mensch in seiner etwa eine halbe Million Jahre umfassenden Entwicklung einen ersten Höhepunkt all seiner Möglichkeiten erreicht hat, dann war es in jener verhältnismäßig kurzen Epoche des perikleischen Zeitalters. Großartiger und schöner hat er nie gelebt, vielleicht auch nie glücklicher und leidvoller. Wer sich noch für Kultur verantwortlich fühlt, für den gibt es keinen würdigeren Grund des Nachdenkens als diesen: nach den Wurzeln dieser Kultur zu suchen und in Sorge und Hoffnung die Ursachen ihres frühen Unterganges zu erforschen.

Der hellenische Kult des Schönen war zugleich eine Religion des Eros. Noch in keiner Kultur haben Schönheit und Erotik so reich geblüht. Also müssen die erotischen Ursachen dieser Kultur wie ihres Verfalls von überragender Bedeutung sein: Das griechische Leben ist der weltgeschichtliche Probefall auch für die Kulturmacht der Erotik.

Immer noch gilt, was Jakob Burckhardt 1871 in Basel seinen Vorlesungen über griechische Kulturgeschichte vorangestellt hat: Die Griechen seien „das geniale Volk auf Erden" gewesen, mit allen Fehlern und Leiden eines solchen. Das Genie bringt reiche Anlagen durch eine außerordentliche innere Gespanntheit zur höchsten Entfaltung. Mit welcher Spannung war der griechische Geist geladen, woher stammt die einzigartige Fülle kultureller Leistungen dieses Genievolkes?

Nirgends sind Okzident und Orient so nahe aufeinandergestoßen wie auf jener südlichen Balkanhalbinsel, zwischen Mittelmeer und Ägäis. Die heutigen Bewohner dieses Raumes sind indes mit den Hellenen der klassischen Zeit körperlich und seelisch kaum noch verwandt. Schon zu Plutarchs Zeiten war die ursprünglich herrschende Schicht eine kleine Minderheit geworden. Vor 1500 Jahren bereits klagte Dion Chrysostomos, der Typus des „echten“ Griechen sei nur noch selten anzutreffen. Als ein Zweig der indogermanischen Völkerfamilie sind die Urhellenen einst in mehreren Wellen aus dem Norden eingewandert und haben die pelasgische Urbevölkerung verdrängt oder unterworfen. Der zuletzt eingewanderte Stamm, die Dorer, erreichte dieses Gebiet erst gegen 1250 v. Chr. Diese frühhellenischen Stämme waren als dünne Herrscherschicht von Anbeginn zur äußersten Selbstbehauptung gezwungen: den Unterworfenen gegenüber wie gegen die orientalischen Nachbarn. „Asia“ war damals für die Hellenen alles, was nicht zu Europa zählte. Alle Nichtgriechen galten als „barbarisch“. Aristoteles hat in seiner „Politik“ zweierlei Barbaren unterschieden: die „nordischen“ Naturmenschen und die „asiatischen“ Kulturmenschen. Die Griechen als einzige hätten die Vorzüge beider in sich vereinigt, den Mut der Nordischen und den Verstand der Asiaten. Das bestimme die Griechen zur Herrschaft über alle anderen.

Aristoteles hat damit etwas Entscheidendes beleuchtet: Räumlich und seelisch lebte der Grieche zwischen Orient und Europa in einer weltgeschichtlich einzigartigen Spannung.

In jüngster Vergangenheit haben Rassenromantiker den Kulturwert einer Menschenart in ihrer Rassen-„Reinheit“ gesehen. Geniale Persönlichkeiten und die Hellenen als „Genievolk“ beweisen dagegen: Erst ein gewisser Einschlag des Fremden zwingt das Eigene zu höchster Bewußtheit. Wie die Völker zeigen auch ihre Kulturen Mischungsverhältnisse, freilich nicht von gleich starken Bestandteilen, die sich gegenseitig aufheben müßten, sondern unter einer vorherrschenden, charakteristischen Wesensmitte. Den Griechen ist diese Legierung für Jahrhunderte gelungen. So schufen sie aus sich, was Burckhardt ihr Eigentümliches nennt: anders zu sein als die seitherigen Nationen, anders vor allem als der alte Orient und doch ein Übergang nach beiden Seiten.

Zeus, der König des Olymp (In Goethes Zimmer in Rom stand eine Nachbildung des Gottes, „an den er täglich seine Morgenandacht richtete".)

Hera, die Gattin des Zeus (aus der Schule des Phidias)

Apoll von Belvedere — Lichtgott der Ordnung, der Künste und der Schönheit

Dionysos — der fremde Gott triebhafter Sinnlichkeit, hellenisch veredelt, Gott des Weines und des Rausches

Auch in der Erotik zeigt die Kultur Hellas' eine verwirrende Vielfalt der Erscheinungen. Jede Form der Tugenden und Laster taucht auf, mischt sich mit ihren Gegensätzen, und dennoch sind typische Züge unverkennbar. Vom ersten Deuter griechischen Schicksals, Herodot, bis zum letzten genialen Entdecker der hellenischen Seele, Nietzsche, über 2500 Jahre hinweg, ist in diesem scheinbaren Chaos immer wieder auch der Kosmos artecht griechischer Werte erkannt worden.

Der erste Historiker, Vater europäischer Geschichtsschreibung, Herodot, sieht in der Auseinandersetzung zwischen Europa und „Asia" das Urmotiv des griechischen Schicksals, kulminierend in den Perserkriegen. Nietzsche glaubte im „Dionysischen" und „Apollinischen" diesen Urgegensatz als polare Einheit deuten zu können. Konkreter und wohl auch richtiger hat er später das Wesensgefüge der griechischen Kultur erfaßt: Die griechische Kultur sei ursprünglich ein Chaos gewesen von ausländischen, semitischen, babylonischen, lydischen, ägyptischen Formen und Begriffen. In ihrer Religion habe sich „ein wahrer Götterkampf des ganzen Orients" abgespielt. Dennoch sei die griechische Kultur kein „Aggregat" gewesen, die Hellenen hätten es allmählich gelernt, „das Chaos zu organisieren" und sich auf sich selbst zu besinnen, wie es die delphische Lehre forderte.

Wenn Historiker in ferner Zukunft, sagen wir in tausend Jahren, die nordamerikanische Zivilisation von heute erforschen werden, dann müßten sie sich immer täuschen und verschätzen, würden sie alles das, was jetzt in den USA um Einfluß und Macht ringt, als typisch amerikanisch deuten. Als Zeitgenossen wissen wir, daß sich hier von negroiden, indianischen, semitischen, orientalischen und germanischen Bestandteilen alles in einem noch unentschiedenen Macht- und Gestaltungskampf mischt, anzieht oder abstößt, verdrängt oder assimiliert, bis die angelsächsisch-europäische Dominante entweder gesichert oder endgültig eingeschmolzen sein wird.

Dieser Vergleich möge andeuten, wie notwendig es auch wäre, bei den erotischen Werten, die in der griechischen Kultur auftauchen, Zufälliges und Typisches, Artechtes und Wesensfremdes zu unterscheiden.

Der olympische Eros

Die Hellenen sind das unpriesterliche Volk an sich: „Bei den Griechen gibt es keinen Priesterstand." (Burckhardt) Waren sie also Ungläubige? Versteht man unter Religion nur die Ächtung des irdischen Lebens, Mantik und Magie, Gottesfurcht und Höllenangst, so sehr, daß ein sterbliches „Diesseits" in den Dienst eines ewigen „Jenseits" gestellt wird, dann wären die Griechen das am wenigsten religiöse Volk des Altertums. Im Hellenentum gab es darum zwar Kulte, religiöses Brauchtum, aber keine Kirche. Die „Kirche" des Griechen war die Polis, der Staat. So stark beherrschte das Politische das Kultische. Die „Religion" stand im Dienste der Polis — nicht umgekehrt. Burckhardt hat dieses Verhältnis sehr klar umschrieben: „Während die Polis schon eine Religion ist, enthält sie die übrige Religion noch mit in sich ..."

Man darf als Kontrast zum Orient allgemein feststellen: Wenn dort Menschen zu Göttern und Götzen erhoben werden — hier erscheinen Götter als Menschen. Fremde Götter und Göttinnen wurden umgestaltet, veredelt, und doch stets in einer Vermenschlichung. Deshalb auch diese uns heute noch fast unglaubhaft erscheinende religiöse Großzügigkeit und Toleranz. Der Überlegenheit der griechischen Götter gegen alle orientalischen und „barbarischen" bewußt, konnte Hellas religiös freier sein als irgendeine Kultur vorher oder nachher.

Nicht zuletzt die Schönheit der Griechengötter hat alle anderen besiegt oder eingeordnet. Das Schöne sei hier nicht formal verstanden, sondern als die Harmonie leiblich-geistiger Vollendung. In diesem Sinne waren die Götter der Hellenen nicht jenseitige Götzen, sondern olympisch erhöhte Menschen, griechische Ideale des Männlichen und Weiblichen. Der Hellene schuf die Götter nach seinem Ebenbilde. Darum ist die griechische Religion zugleich auch Veredelung und Verklärung hellenischer Erotik.

Die Sinnenfreude, in anderen Religionen das Widergöttliche, Unheilige, Sündhafte an sich — hier wurde sie zur Frömmigkeit

und in Göttern und Göttinnen verleiblicht. Das gute Gewissen und die Erotik ließen sich versöhnen. Im Spiegelbild liebender Götter erkannten sich liebende Menschen wieder: „Eine Welt ohne Sündengefühle!" (Nietzsche)
Dieses Ideal war indes ununterbrochen gefährdet von der religiösen Um- und Mitwelt, gegen die sich der eingewanderte Hellene behaupten mußte. Die Götzen und Dämonen der vorhomerischen Zeit hatten in der pelasgischen Urbevölkerung ihre Macht noch nicht verloren, und auch aus der orientalischen Umwelt wirkte die Religion der Todesfurcht und Jenseitsmagie in das griechische Leben hinein, dunkle Fluten, aus denen sich die attische Frömmigkeit wie eine rings umdrohte Insel erhob.
Von Anbeginn mußte sich die olympische Götter-Polis dagegen wehren, unter die Herrschaft des Mutterrechtes zu geraten. In der vorgefundenen Volksreligion wird eine „Erdmutter" verehrt, Demeter, ursprünglich eine orientalische Fruchtbarkeitsgöttin. Sie gebiert Leben, erhält es und nimmt alles in ihren Schoß zurück. Schon früh wurden sie und ihre Tochter Persephone im Kult der Mysterien gefeiert. Sie ist eine Verwandte der phrygischen Kybele, der Magna Mater, die in verschiedenen Gestalten im ganzen Orient auftaucht und im ekstatischen und orgiastischen Ritual „angebetet" wird. Demeter ist der Gegenpol des erosfeindlichen Jahwe. Während dieser die Sinnenfreuden als Sünde bestraft, wird der „Großen Mutter" stets mit kultischem Sexualismus gehuldigt, der alle sittlichen Schranken überflutet. Noch für Luther war diese Götzin der fessellosen Geschlechtlichkeit die „Erzhure", der extreme Kontrast zum alttestamentarischen Gesetzesgott. Als Astarte, assyrisch Istar, wird sie schließlich zur Schutzherrin der Prostitution, dann des Sexualanarchismus.

Zeus und Hera

Den Griechen gelingt es, Demeter zur Göttin der Familie und der Mütterlichkeit zu veredeln. Zeus aber verhindert deren Vorherrschaft. Das Vaterprinzip überwindet göttliches wie menschliches Matriarchat. Der Götterkönig herrscht im olympischen Pantheon. Sein Ursprung ist solar-indogermanisch; er ist der

„Leuchtende", Allvater und Allwalter. Zeus ist kein überweltlicher Magier, der die Welt aus dem Nichts hervorgezaubert hat, kein orientalischer Despot, dem man nur in Furcht und Zittern nahen darf. Seine strahlende Majestät hat dennoch Macht über alle Götter und Göttinnen und über die Männer und Frauen der Sterblichen.

Zeus ist souverän, jedoch nicht allmächtig. Er ist nicht zeitlos, wurde wie ein Mensch gezeugt und geboren. Sein Ursprung ist erotisch wie der aller Lebewesen. Nach den Gesängen des Hesiod war am Anfang der Welt das Chaos. In der Umarmung von Himmel (Uranos) und Erde (Gaia) wurden Götter und Titanen gezeugt, so wie sich Erde und Himmel täglich vereinigen. Allnächtlich legt sich Uranos auf Gaia zu unendlicher Befruchtung: „Der hehre Himmel verlangt danach, die Erde zu umfangen, und Liebe ergreift die Erde und Sehnsucht nach Vereinigung mit ihm." (Äschylos)

Der kosmischen Paarung von Kronos und Rhea entstammt Zeus. Er verkörpert die befruchtende Kraft des Himmels. Was Tacitus später am Germanen gerühmt hat, die „inexhausta pubertas", die „unerschöpfte Zeugekraft", in Zeus war sie zur Gottheit geworden. Licht und Kraft verteilt er in verschwenderischer Fülle auf Götter und Menschen. Alle Tugenden, alle Laster des griechischen Mannes verkörpert Zeus in göttlichem Übermaß. Größer könnte der Gegensatz zu Jahwe und Allah nicht sein. Nach Jahwes Gesetzen müßte der oberste Gott der Griechen als „Sünder" für ewig in die Hölle verdammt werden. Zahlreich sind die Ehen und Liebesverbindungen des olympischen Freiers und Verführers, des Beglückers himmlischer und irdischer Frauen. Freuden und Leiden des Ehemannes sind ihm beschieden: Liebe und Eifersucht, Untreue und Intrigen. Als König der Götter, der mit den Frühhellenen eingewandert war, unterwirft er auch fremde Götter und Göttinnen der olympischen Ordnung. Hera wird seine siebte Gattin, Athene, Apollon, Artemis, Ares, Dionysos, ursprünglich orientalisch, gelten als seine Kinder, ein unvergängliches Gleichnis göttlicher Macht und Toleranz.

Welch ein Ärgernis allen Jenseits-Theologen! Sogar Schubart, der an die Möglichkeit glaubt, Phallos und Kreuz im Kulte zu verbinden, sieht in der Vorstellung, daß Zeus und Hera sich begatten, nicht ein Symbol dafür, wie hoch die Griechen die eheliche Liebe, sondern wie niedrig sie ihre Götter stellen. Doch mit dem Moralismus einer sich auch liberal gebärdenden Theologie kann man dem griechischen Eros nicht gerecht werden.

Judentum, Islam und Christentum kennen keinen Gott überschäumender Lebenskraft, nur die abstrakte Allmacht, ein Nonplusultra an Autorität. Die Griechen aber sind als Menschen so göttlich, daß sie ihre Götter vermenschlichen dürfen. Und was wäre menschlicher an ihren Göttern, als daß sie als einzige auch ein homerisches Lachen kennen? In dieser menschlich-göttlichen Heiterkeit blüht ihre Erotik.

So kann der sinnenfreudige Zeus das Urbild des griechischen Vaters und Hera die vergöttlichte griechische Gattin werden, die in der wandelbaren Treue ihres Gatten kein Recht zu eigener Untreue sucht. In dieser Götterehe fehlen auch Zank, Streit und Versöhnung nicht. Homer hat seine Kunst auch solchen Szenen geweiht: Zeus' Machtwort beendete einen Ehestreit:

„‚Sitze denn ruhig und schweig und gehorche du meinem Gebote! Kaum wohl schützen dich sonst die Unsterblichen all im Olympos, tret ich hinan, ausstreckend zu dir die unnahbaren Hände!‘ Also Zeus. Da erschrak die hoheitblickende Hera, schweigend saß sie nunmehr und bezwang die Stürme des Herzens."

Der innerlich freie Hellene dürfte gerade durch die Menschlichkeit seiner Götter den freudigen Drang gespürt haben, sie in Dankbarkeit zu verehren. So konnte die Heirat von Zeus und Hera, ihre „Heilige Hochzeit", das Idealbild jeder hellenischen Vermählung werden. In Homers Ilias wird sie geschildert. In den goldenen Gefilden des Okeanos naht Hera ihrem Gemahl, geschmückt mit allen Reizen ihres ewigjungen Leibes, den Liebesgürtel der Aphrodite angetan, den „Kestos", der ihrer Schönheit unwiderstehliche Macht verleiht. Zeus, auf hohem Berge den Kampf der Griechen und Trojaner betrachtend, erschaut sie, und von ihrem Anblick betört, vergißt er Krieg und Troja in seliger Umarmung.

Dieser heiligen Hochzeit zur Erinnerung feierte man vielerorts

Frühlingsfeste, aber auch im Alltag der hellenischen Ehe erschien die göttliche Heirat als Segen und Vorbild.

Jene Kraft, die der Grieche mit Zeus beschwor, ist in diesem Rahmen kaum andeutend zu schildern. Nur auf seine männlich-erotischen Züge sei hingewiesen. Was Zeus den Hellenen gewesen ist, das kann man nicht beschreiben und erlesen. Vielleicht vermag es seine Schönheit zu offenbaren. Wer einmal in Rom, im Vatikan, den Zeus von Otricoli gesehen hat, dem offenbart sich mehr von den höchsten Möglichkeiten des Männlich-Griechischen, als ihm Literatur zu sagen vermöchte. Wie in diesem Haupte Hoheit und Kraft, Geist und Trieb, Wille und Sinnlichkeit, Macht und Güte, König und Gott schaubar geworden sind — man kann das nur mit den Augen erfassen.

Die Griechen werden mißverstanden, wenn man sie romantisch verklärt. Die größten Könner und Künstler der Erotik haben auch tiefer ihre häßlichen und zerstörerischen Abgründe enthüllt. Daß die Geschlechterliebe „pathologisch“ sei, hat nicht erst der gestrenge Kant gewußt. Die Griechen hatten für „Liebe“ zwei Worte, die tiefer gründen. Sie ist ihnen nicht nur Glück oder Genuß, sondern auch „mania“ — Wahn — oder „nosos“ — Krankheit. Im Umschlag der Liebe zu bluträcherischem Haß konnten die Griechen wie die Germanen in Untiefen der Grausamkeit geraten. In der Eifersucht werden die dunklen Seiten bereits sichtbar.

Hera, die göttliche Gattin, die treuliebende, wird grausam hassend, wenn eine urweibliche Eifersucht alle sittlichen Bindungen zerreißt. Herakles, der hellenische Siegfried, ist ihr Opfer. Den von Zeus mit Alkmene Gezeugten verfolgt sie sofort im Säuglingsalter und versucht ihn durch zwei Schlangen zu töten. Als Erwachsener wird er dazu verdammt, seinem Vetter, dem König von Mykenai, dienstbar zu sein, der ihm die bekannten 12 Werke befiehlt. Selbst Zeus vermag Heras rasende Eifersucht nicht zu besänftigen. So muß Herakles den Weg der Leiden zu Ende gehen, bis zu seinem grausamen Sterben. Dann aber wird Zeus vom Mitgefühl überwältigt, und er nimmt den Helden auf in den olympischen Götterstaat.

Um dieses Unmaß von Eifersucht verständlicher erscheinen zu

lassen, berichtet die Sage, Zeus habe, als er bei der Nebenbuhlerin Alkmene schlief — die doch mit Amphitryon verheiratet war —, damals der Sonne befohlen, drei Tage nicht aufzugehen, um die Freuden dieses Lagers drei Tage und Nächte auskosten zu können. Echt griechisch wurde die Heldenkraft des Herakles auf diesen sinnenstarken Ursprung zurückgeführt. Nur der aus solcher Zeugung Geborene vermochte dann seine zwölf Berserker-Taten zu vollbringen.

Wie hätte es Hera ertragen können, ihrem Zeus einen solchen Sohn nicht selbst geboren zu haben?

Aphrodite

Die Frühhellenen hatten Zeus aus dem Norden mitgebracht. Doch in der Auseinandersetzung mit der nichtgriechischen Vor- und Mitwelt wird sein Bild durch Züge verändert, die nicht aus nordisch-nüchternen Gegenden stammen können. Eines aber ist Zeus dennoch gelungen: Durch ihn hat sich das indogermanische Patriarchat im griechischen Raume behauptet. Wie groß die entgegengesetzte Gefahr war, zeigt jene fremde Göttin, die erst allmählich hellenisiert werden konnte, dann aber einen unabsehbaren Einfluß auf die Menschen ihres Gastlandes gewann: Aphrodite.

Orient und Okzident, Sexus und Eros vermischen sich in ihrer Erscheinung. Noch Platon kennt sie in zweifacher Gestalt: als himmlische Liebe (Aphrodite Urania) und als irdische (Aphrodite pandemos). Göttin der sinnlichen Liebe war sie unzweifelhaft in ihrer orientalischen Urheimat. In mykenischer Zeit kam sie übers Meer nach Hellas. Jahrhunderte später, bei Homer, erscheint sie als Tochter von Zeus und Dione. Während sie ursprünglich der syrisch-phönizischen Astarte gleicht und ihr später wieder in orgiastischen Kulten gehuldigt wurde, schildert sie Homer bei ihrer Ankunft in edler Einfalt:

> „Auch Eros geleitet sie und der schöne Himeros;
> das aber blieb nun ihre Ehre und ihr Anteil unter
> den Menschen und den unsterblichen Göttern,
> magdliches Kosen und Lächeln und Schalkhaftigkeit,
> süße Lust und Liebe und sanfte Anmut.“

Um den Mythos der „Schaumgeborenen" hat man einst und jetzt etwas Schaumschlägerei getrieben. Daß die schönste und sinnlichste der griechischen Göttinnen aus „Meeresschaum" geboren sein soll, wäre das nicht eine dürftige und späte Vorstellung? Der ursprüngliche Mythos wurde moralistisch verbrämt. Wahrscheinlicher berichtet die Fabel, bei der Verstümmelung des Uranos seien Blutstropfen ins Meer gefallen, aus denen Aphrodite gezeugt wurde. Glaubwürdiger und griechischer erscheint die ursprüngliche Sage: Nach ihr hätten im Anbeginn Liebe und Haß, Lust und Eifersucht an dieser Göttin mitgezeugt. Als Uranos einen Teil seiner Sprößlinge zurückstößt in den Schoß der Erde, sinnt Erdgöttin Gaia auf Rache für die Verletzung ihres Mutterstolzes. Der listige Kronos wird zum Werkzeug ihrer Vergeltung. Da sich Uranos wieder in nächtliche Umarmung mit Gaia zu vereinigen sucht, schneidet ihm Kronos den Phallos vom Leibe. Dieser fällt ins Meer, und aus dem „Schaum", den er ausstößt, wird die Göttin der Liebe geboren.

Nicht zufällig wurde das Märchen vom Wasserschaum im erosfremden Abendland lange geglaubt, obgleich die älteste Sage den Vorgang unzweideutig schildert: „Das Glied aber schwamm lange Zeit auf dem Meere, und um es herum war weißer Schaum, der von dem unsterblichen Gliede ausging, und in ihm wurde Aphrodite gezeugt." (Hes. Th. 190) Himmel und Erde mußten sich vereinen, Aphrodite zu zeugen. So hat sie das doppelte Erbe in sich: die „himmlische" Liebe und die „irdische". Verschwenderisch verteilt sie die sinnlichen Freuden unter Göttern und Menschen. Immer schöner werden die Leiber, in denen griechische Künstler ihre Liebesgötter anbeten. Nur Aphrodite konnte Eros gebären.

*

Und wieder mischen sich gefährlich Lust und Leid. Hephaistos, Sohn der Hera und des Zeus, der Gott des Feuers, erfährt durch Helios von der Buhlschaft seiner Gattin, der ewigschönen Aphrodite, mit dem thrakischen Ares. Im unsichtbar fein geschmiedeten Netz, das er am ehelichen Bette wie eine Schlinge anbringt, will er die Liebenden fangen. Die List gelingt. Im Sinnenrausche überrascht sie der Betrogene. Rasend ruft er die Götter herbei, zu Augenzeugen des Ehebruchs.

Und die Olympischen? Wie schildert Homer ihr Urteil? Als die Liebenden nackt vor den Götteraugen liegen, läßt er Apollon den Hermes fragen:

„,Hättest du wohl Lust, von so starken Banden gefesselt,
in dem Bette zu ruhn bei der goldenen Aphrodite?'
,Oh geschähe doch das, ferntreffender Herrscher Apollon!
Fesselten mich auch dreimal soviel unendliche Bande,
Und Ihr Götter sähet es an und die Göttinnen alle;
Siehe, so schlief' ich doch bei der goldenen Aphrodite!'
Also sprach er; da lachten laut die unsterblichen Götter."

*

Da wird nun eine gewisse Grenze überschritten. Wenn Nietzsche behauptet, die Christen hätten wahrscheinlich ganze Zeitalter hindurch mit schlechtem Gewissen Kinder gezeugt, wird hier bei Homer die mythische Erotik amoralisch. Den Ehebruch verharmlost ein Göttergelächter. Da verletzt die aphroditische Religion Gesetze attischer Ethik. Was den Unsterblichen in olympischer Freiheit erlaubt, war unter Menschen sittenwidrig. Als Siegfried, durch die Tarnkappe verborgen, Brunhildes Jungfräulichkeit für Gunther bezwingt, gebiert dieser Frevel an der Frauenehre eine Tragödie, die das Königsgeschlecht der Nibelungen verschlingt. Im Olymp folgt dem Ehebruch homerisches Gelächter.

Oft widersprechen einander im Kult der Aphrodite griechisches Maß und orientalisches Unmaß: hellenische Veredelung und chaotische Triebhaftigkeit. Welch ein Verhängnis damit in das griechische Leben eindringt, wird schon früh angekündigt, auch im homerischen Mythos. Der Weichling Paris wird von Aphrodite mit einer solchen Macht der Frauenbetörung ausgestattet, daß es ihm gelingen konnte, die Gattin des Königs Menelaos, das schönste Weib Griechenlands, Helena, nach Troja zu entführen.

Das war Aphrodites Geschenk dafür, daß Paris sie einst vor Hera und Athene als Schönste erwählt hatte. Helenas Entführung beschwört Greuel und Leid des zehnjährigen Krieges um Troja herauf. Zügelloser Eros und das Ethos der Polis — hier geraten sie unversöhnbar in Konflikt.
Das Unheil wird dann freilich von der Schönheit der „goldenen Aphrodite" überstrahlt, in ihrem Abbild als Helena. Zehn Jahre über wird im Griechenblut gewütet, dann fällt Troja. Befreit erscheint Helena nackt vor den Kriegern, und die ergrauten Helden vergessen die Leiden, als die Leib gewordene Schönheit ihre Augen blendet.

*

Der altadelige Dichter Theognis hat ein Grundgesetz der hellenischen Kultur umrissen, wenn er die Musen schlicht verkünden läßt: „Was schön ist, das ist auch lieb, was nicht schön ist, das ist nicht lieb." Zur Schönheit verklärt, sind die „süßen Gaben der Aphrodite" erlaubt. Das war Rechtfertigung und Grenze zugleich, die innere Grenze artechten Hellenentums. Aphrodite selbst hat sie später hemmungslos verletzt.
Nicht nur bei Homer, auch in den Gedichten des „Epischen Kyklos", in den ältesten hellenischen Sagen, wird der Sieg der Schönheit — über alle anderen Werte — verherrlicht:
Nach der Einnahme Trojas will der betrogene Menelaos die Verletzung seiner Gattenehre rächen, stürzt sich mit gezücktem Schwerte auf Helena. Da entblößt die schöne Frau „die Äpfel ihres Busens". Überwältigt und versöhnt umarmt Menelaos die Ungetreue.
So verführt das aphroditisch Schöne griechische Männer und Frauen. Selbst Hera muß im Ringen um die Gunst des Zeus Aphrodites Hilfe erbitten. Sie entleiht sich ihren Kestos, den „Zaubergürtel der Liebe und Sehnsucht, der alle Herzen der Götter bezwingt und der sterblichen Erdbewohner". Nur Homer kann diese weibliche Waffe beschreiben:

„Und löst vom Busen den wunderköstlichen Gürtel,
Buntgestickt: Dort waren des Zaubers Reize versammelt,

Schmachtende Liebe war dort und Sehnsucht, süßes Getändel
Und einschmeichelnde Bitte, die selbst den Weisen betört."

In nachhomerischer Zeit hat Aphrodite mit ihrem Zaubergürtel dann wieder jenen Mißbrauch getrieben, der in ihrer ungriechischen Herkunft angelegt war. Gleichnishaft hat Praxiteles im 4. Jahrhundert v. Chr. in seinen Aphrodite-Statuen die Phryne aus Thespiai, unter den Hetären Athens die „bekannteste", verewigt, auf seine Weise die Grenzen von Schönheit und Laster verwischend. Aus der Göttin der Erotik wird die himmlische Hetäre, „Aphrodite Hetaira", schließlich „Aphrodite Porne", die Schutzgöttin der käuflichen Liebe, die vergöttlichte Dirne.
In Syrien blieb Aphrodite, was sie vor der homerischen Veredelung gewesen war. Smyrna kennt sie als „Aphrodite Stratonikis", der Phallos-Kulte huldigen. Lukians Bericht erzählt von ihr, und noch Wieland geriet so sehr in ihren Bann, daß er den Lukian seinem Jahrhundert übersetzen mußte. In Korinth blieb ihr Kult in der ursprünglich orientalischen Form erhalten. Im Tempelbordell dienten der himmlischen Hure Hunderte von Sklavinnen in kultischer Prostitution.

*

Gegenpol der Aphrodite ist Pallas Athene. Wie Eva aus der Rippe des Adam entstand, so soll sie unmittelbar aus dem Haupte des Zeus entsprungen sein. Ihr Name jedoch ist vorgriechisch. Die jungfräuliche Göttin soll im zweiten Jahrtausend aus der minoischen Kultur von Kreta übernommen worden sein. Sie tritt in schimmernder Waffenrüstung in das Dasein und hat stets ihren herben, apollinisch strengen Charakter bewahrt. Die blauäugige Lieblingstochter des Zeus wahrt die Reinheit ihrer Herkunft und duldet als Schirmherrin der Polis keine orgiastischen Kulte. Um Athene wuchert keine üppige Phantasie.
Verwandt erscheint ihr Artemis, die Schwester des Apoll, Jagdgöttin, Schützerin der Jugend und der Jungfräulichkeit. Artemis aber wird gleichzeitig auch als Vegetations- und Fruchtbarkeitsgöttin orgiastisch gefeiert. Artemis „Kordeka" zu Ehren wurden in Elis ausgelassene Tänze veranstaltet. (Ihr Kultbild im Tempel von Ephesos zeigt viele Brüste). So wird der Gegensatz von

Jungfräulichkeit und schwülem Fruchtbarkeitskult, das chaotische Gemisch religiöser Formen und Vorstellungen deutlich, die später alle als „griechisch“ gelten.

Apoll

Der Bruder der Artemis, Apoll, gilt als „der griechischste der Götter“. Wenn er auch nicht so „nordisch“ wirkt wie manchmal behauptet wird, in seiner Gesamterscheinung kann er doch als der eigentliche Gegengott aller orientalischen Kulte und Idole gelten. An ihm hat der junge Nietzsche seine berühmte Polarität des Apollinischen und des Dionysischen entwickelt, mit der er die griechische Kultur neu und tiefer zu deuten versuchte als seine Vorgänger. Apoll erscheint ihm als der „rechte Weihe- und Reinigungsgott des Staates“. Als Gott der Sitte und des Maßes symbolisierte er zugleich das männliche Schönheitsideal der Hellenen. Der Gott formender Kräfte bewahrte stets seine majestätisch-ablehnende Haltung gegen dionysische Triebhaftigkeit.
So eindeutig wie Nietzsches Typisierung des Apollinischen ist indes auch diese Gestalt nicht. Schubart zwar beschreibt ihn ähnlich: „Der apollinische Grieche sucht überall das Befriedigende und meidet die Erregung. Er hält sich an das unantastbare Gleichmaß in der Kunst, an den unerschütterlichen Gleichmut in der Philosophie, an die unbewegte Gottheit in der Religion.“ Auch das erscheint, verglichen mit der historischen Wirklichkeit, etwas konstruiert.
Apoll soll in der Frühzeit aus Kleinasien gekommen sein. Seine Geburt ist, wie die des Herakles, umschattet von der Eifersucht der Hera. Denn auch ihn, Phoibos-Apollon, den Gott des Lichtes, hat Zeus nicht mit ihr gezeugt, sondern mit Leto (Latona). Von der rasenden Eifersucht der Hera verfolgt, kann ihn Leto nur auf dem schwimmenden Eiland, auf Delos, in einsamer Zuflucht gebären. Als er aber erscheint, „der lichte Gott mit den wallenden Locken . . ., da strahlt ganz Delos in goldenem Glanze“!
In der Kindheit bereits beweist Apoll seine lichte Macht über die dunklen Kräfte. Als der chthonische Riese Tityos sich an Leto

zu vergreifen sucht, tötet ihn der Pfeil des Knaben. Im Tartaros muß Tityos seine zügellose Gier büßen, wo ihm ewig zwei Geier die Leber zerhacken.
Herangewachsen in sieghafter Schönheit, genießt auch Apoll „die süßen Gaben der Aphrodite". Nie jedoch zeigt er Züge derber Sexualität. Das Helle, Strahlende seines Wesens veredelt den Sexus zum Eros. Als Daphne seiner Werbung kaum noch zu widerstehen vermag, erbittet die jungfräuliche Nymphe von den Himmlischen ihre Verwandlung in einen Lorbeerbaum. Ein frühes Gleichnis veredelter übersinnlicher Liebe, weil dieser Baum seither dem Apoll als heilig gilt.
Als der südliche Bruder des germanischen Baldur — auch Apoll trägt den Namen der „Goldhaarige" (chrysokomos) — wird er das Ideal der griechischen Jünglinge. In jedem Gymnasium steht sein Standbild. In jugendlich-geschmeidiger Gestalt erscheint er dennoch als der strenge Schirmherr der Gesetze, der Künste und der Städte: der Gott des Maßes. Apoll zwingt die zügellose Sexualität orientalischer Kulte in die hellenischen Schranken. Keiner hat das so klar empfunden wie Äschylos, der im lichten Gegengott der chthonischen Mächte den „Vernichter der Urdämonen" verehrt.
Mit Apoll erreicht die Religion der Schönheit ihre edelste Verleiblichung. Der Lichtgott ist die Idealgestalt des griechischen Menschen. So ist er im „Apoll von Belvedere" verewigt. Nie wurde ein Mann adeliger geformt, und vielleicht kann auch in aller Zukunft kein schönerer Leib gestaltet werden. Dieser Gott ist das vollkommene Sinnbild hellenischen Glaubens, als das Schöne fromm und das Fromme schön sein durfte. Hier wurde wie nie vorher und nachher der Körper vergeistigt und der Geist verkörpert. Goethe schrieb in Rom in sein Tagebuch: „Der Apoll von Belvedere übersteigt alles Denkbare . . ."
Ist es nicht ein weltgeschichtliches Gleichnis, daß sich Augustus, jener Kaiser, der in Rom noch einen aussichtslos gewordenen Kampf gegen die Orientalisierung wagte, Apoll zu seinem Schutzgott erkor?
Eine durch zwei Weltkriege gehärtete Generation hat ein anderes Verhältnis zum Griechentum als frühere Epochen, wie denn

jede Zeit ihr Verhältnis zur Antike neu erringen muß. Die düstere Urschicht eines Lebens, dessen Oberfläche als griechische Heiterkeit erscheint, vermögen wir eher zu begreifen als unsere Väter. Wir wissen, diese Harmonie war ein Sieg nach verhängnisschweren Kämpfen. Nietzsche, der selbst vielleicht mehr Freude und Leid erlebt hat als jeder andere Europäer, hat als erster in diese Untergründe der hellenischen Seele hineingeleuchtet. Nur dadurch konnte er auch der tiefere Deuter der antiken Tragödie werden.

*

Eine Grundschicht hellenischen Schicksals wurde von Äschylos in die Helle dichterischer Formung gehoben, in der Orestie, der Tragödie Partriarchat gegen Matriarchat. Die Fabel ist bekannt: Blutrache des Orestes an seiner Mutter, der Klytämnestra, die mit Aigisthos seinen Vater ermordet hatte. Den Muttermörder hetzten die Furien — da rettet ihn Apoll.

Orestes handelt aus jenem Recht der Adeligen, das Griechenland beherrscht, solange unverfälscht blieb, was wir als hellenische Kultur mehr bewundern als begreifen. Er vollzieht das Zeus-Gesetz, dem Herakles, Perseus, Achill, Theseus dienten, die Söhne und Enkel des Vatergottes, allen voran Apoll. Orestes vollstreckt das Herrenrecht, aufgerichtet über der pelasgisch-orientalischen Unterschicht. Nun siegt es erneut durch Orestes gegen seine Mutter: apollinisches gegen demeterisches, solares über tellurisch-chthonisches Prinzip.

Die aus der Unterwelt stammenden Erinnyen jagen den Muttermörder, schlagen ihn mit der Peitsche des Wahnsinns:

„Wie gärend stieg aus der Erschlagenen Blut
der Muttergeist
Und ruft uralten Töchtern zu:
‚Laßt nicht den Muttermörder entfliehn!
Verfolgt den Verbrecher! Euch ist er geweiht!‘“

Nun droht in Athen das Gericht gegen Orestes zu entscheiden. Ihn aber verteidigt Apoll. Der göttliche Hüter des Vaterrechtes widerstreitet dem mütterlichen Anspruch:

„Nicht ist die Mutter ihres Kindes Zeugerin,
Sie trägt und hegt das aufgeweckte Leben nur."

Er weist die Klage der Erinnyen zurück und zeigt auf die „blonde Tochter des Zeus", Athene, die mutterlose, geistgezeugte:

„Denn Vater kann man ohne Mutter sein. Beweis
Ist dort die eigene Tochter des Olympiers Zeus,
Die nimmer eines Mutterschoßes Dunkel barg,
Und dennoch kein Gott zeugte je ein edler Kind."

Noch ist der Fall unentschieden. Die Stimmen der Richter teilen sich in gleicher Zahl für Orestes und gegen ihn. Da erhebt sich Pallas Athene. Mit ihrer Stimme entscheidet sie gegen das Mutterrecht:

„Mein ist es, abzugeben einen letzten Spruch,
Und für Orestes lege ich diesen Stein hinein,
Denn keine Mutter wurde mir, die mich gebar,
Nein, vollen Herzens lob ich alles Männliche,
Bis auf die Ehe, denn des Vaters bin ich ganz.
Drum acht ich minder sträflich jetzt den Mord der Frau."

Den Tod des Vaters zu rächen durfte Orestes Mutter und Mörderin töten. Unschwer ist zu erkennen: Da wird nicht nur juristisch gewogen; hinter der Urteilsfindung steht das Lebensrecht einer Adelsschicht, die in ihrem Seinsgefüge bedroht wird. Die „neuen Götter" behaupten sich gegen jenes alte Pelasgertum, das mit dem Matriarchat eigenes Wesen verteidigt:

„Darnieder stürzest du die Mächte alter Zeit."

Entsetzt warnt der Eumeniden Chor:

„O neue Götter, alt Gesetz, uraltes Recht,
Ihr reißt sie nieder, reißt sie fort aus meiner Hand."

Äschylos aber läßt die Erinnyen versöhnt umkehren. Die Rächerinnen dürfen bleiben und die Erdgrüfte an der Ostseite des Areopag, des Areshügels, bewohnen. Auf diesem stand in der Vorzeit die Amazonenburg, Wahrzeichen des Matriarchats, das Theseus zerstörte. Vom Dichter symbolisch gewählt: die versöhnten Rächerinnen unter den Trümmern einstiger Amazonenherrschaft.

Die Orestie reißt den Schleier vom verborgenen Krieg der Geschlechter um ihre Rolle in der Kultur, den der schöne Schein einer sorglos genießenden Erotik überspielt. Der Kampf um das Patriarchat jedoch ist der Vordergrund einer tiefer greifenden Bedrohung Hellas', die mit Dionysos aufgetaucht war.

Dionysos

„Da die Polis das Höchste und die eigentliche Religion der Hellenen ist, so haben die Kämpfe um sie auch die volle Schrecklichkeit von Religionskriegen, und jeder Bruch mit ihr hebt das Individuum aus allen Fugen." (Burckhardt) Der Olymp ist die heilige Polis; seine Götter thronen als Vorbilder über dem irdischen Staat. In diesem Sinne nennt Burckhardt die Olympischen „ideale Menschen".

Den Gesetzen der Polis widerspricht radikal der thrakisch-ekstatische Dionysos. In seinem Gefolge dringt Ungriechisches in das hellenische Dasein, das nie mehr ausgeschieden werden kann. Dies trifft unmittelbar auch die Erotik. Sie entartet zur zügellosen Sexualität, gefährdet die Ehe und erschüttert mit ihr ein Fundament des Staates.

Der griechische Instinkt hat sich von Anbeginn gegen den fremden Gott und seinen barbarisch maßlosen Kult gewehrt. Nur langsam konnte er hellenisiert werden, im Grunde aber blieb Dionysos ein Fremdkörper im Organismus der hellenischen Kultur. Homer duldet ihn nicht unter den olympischen Göttern. Nur einmal taucht er kurz auf als der „rasende Dionysos". Der Finstere, Maßlose, Chaotische, der Dämon entfesselter Mänaden verkörpert ein ungriechisches Prinzip.

Vielleicht jedoch wäre hellenisches Wesen nie zu seiner reinen

Sappho — größte Liebeslyrikerin des Altertums

Eros von Centocelle (Praxiteles-Schule)

Caracalla — der antirömische Kaiser (211—217) syrisch-afrikanischer Abstammung

Augustus — versuchte vergeblich, das europäische Rom vor der Orientalisierung zu retten (31 v. Chr. bis 14 n. Chr.)

Plastik ausgeformt worden, hätte es nicht dieser Widersacher des Gesetzlichen, Geordneten, des klassischen Maßes zur äußersten Selbstbehauptung gezwungen. Nietzsche hat darum neben manchen Irrtümern im einzelnen mit der apollinisch-dionysischen Polarität intuitiv etwas Wesentliches erfaßt. Einst in das griechische Bewußtsein eingedrungen, hat der Gegensatz Apoll und Dionysos jedes hellenische Herz und Hirn bewegt und ist jahrhundertelang unentschieden geblieben.

Zeus soll Dionysos mit der thrakisch-phrygischen, chthonischen Semele gezeugt haben. Dieser Mischling aus Okzident und Orient bricht mit einem ekstatischen Kult in die hellenische Frömmigkeit ein. Wie fremd er der homerischen Religion war, bestätigt Erwin Rohde:

„Homer hat für das Ahnungsvolle und das Ekstatische wenig Interesse und gar keine eigene Neigung." Apoll war der Abgott griechischer Jünglinge, Dionysos Kultidol rasender Weiber. Das wurde ein Urfrevel am hellenischen Eros: im Zustande der Ekstase, wenn sich Körper und Seele in einer Kultur spalten, die die Einheit des Leibes gelebt und gestaltet hat wie keine vor- und nachher. In der „Religion der Besessenheit" (Frobenius), in diesem orgiastischen Außersichsein waren die Mänaden in den Dionysien „ihres Gottes voll".

Nächtlich, bei flackernden Fackeln und betörendem Lärm begann diese Entfesselung der „Seelen": „Meist waren es Weiber, die bis zur Erschöpfung in diesen Wirbeltänzen sich herumschwangen . . . so toben sie bis zur äußersten Aufregung aller Gefühle, und im ‚heiligen Wahnsinn' stürzen sie sich auf die zum Opfer erkorenen Tiere . . ." (Rohde)

Schubart kennzeichnet diese „Religion" als kollektive Raserei des Sexus: „. . . die Dionysien sind Kulte entfesselter Brunst. Sie fordern die wahllose und zügellose Massenpaarung. Solange die Weiber allein waren, fielen sie liebestoll übereinander her, im Beisein des lüsternen Gottes, wie sie meinten. Seitdem Männer mittobten, vermischten sich die Weiber mit diesen. Später wurde die Umarmung durch symbolische Akte ersetzt: Den Frauen wurden Schlangen — phallische Sinnbilder — durch den Schoß gezogen. Aber der Orgiasmus blieb."

Die Ekstase, die „Sprengung des Leibes", spaltet die griechische Seele: „Die Überzeugung, daß im Menschen ein Gott lebe, der frei erst wird, wenn er die Fesseln des Leibes sprengen kann, war im Dionysoskult und seinen Ekstasen tief begründet." (Schubart) Euripides schildert, wie Pentheus, der zur Abwehr des barbarischen Kultes die Mänaden heimlich beobachtete, von den schweifenden Weibern entdeckt und zerrissen wurde; Pentheus' eigene Mutter war unter den Rasenden.

*

Als Gott des Donners und Blitzes hat Zeus auch verwandte Züge mit Donar, dem Wettergott der Germanen. Im Mythos der Zeugung des Dionysos wird dies angedeutet: Semele, die Mutter des Dionysos, wurde von der eifersüchtigen Hera dazu überredet, bei der Umarmung mit Zeus den vollen Anblick des Olympiers zu suchen. Im Blitz und in den Flammen des Zeus muß die Erdentochter verbrennen. Nur ihr Fötus wurde gerettet, den Zeus in seinen Schenkel einnäht, austrägt und gebiert. Auch hier offenbart der Mythos ein tiefes Geheimnis. Hellas hat die dionysische Gefahr selbst ausgebrütet. Der Grieche hat diesen Fremdkörper in sein Fleisch und Blut aufgenommen als giftiges Stimulans.

Infiziert vom Gott der Ekstase, hat Hellas erst jene innere Gespanntheit erreicht, die alle schöpferischen Kräfte entbinden sollte. Solange der apollinische Gegenpol noch stark genug war, konnte das dionysische Fieber den griechischen Leib befeuern, nicht nur schwächen. Der wilde Wein wurde gekeltert und veredelt. In Athen wucherte dieser Kult nur in den überschäumenden Frühlingsfesten. Gefährlicher wurden die Dionysien in Delphi. Neben dem feierlich gemessenen, wohlgeordneten Päan, dem Chorlied zu Ehren des „reinen Lichtgottes Phoibos Apollon" — betörte dort der regellose Dithyrambos. Nach diesem wurde Dionysos auch der Dithyrambogenes genannt, „voller Gemütsbewegungen und Veränderungen, voller Irrgänge und Umschweife" (Bachofen).

Noch bleibt Apoll stärker als der Dämon der Raserei. Apoll läßt ihn teilhaben am delphischen Orakel, beschränkt Dionysos jedoch auf die Wintermonate. In Delphi hatte sich der Lichtgott einst die Vorherrschaft erkämpft, als er, wie Siegfried, das urzeitliche Ungeheuer erlegte, den Drachen Python. „Vernichter der Urdämonen“ war Apoll noch für Äschylos. Auch der dionysische Dämon schien sich zu unterwerfen. Bachofen beschreibt sein Ende: „dem Dualismus enge verwandt, mit seiner Schöpfung dem Tode verfallen und zu Füßen des Delphiers beerdigt.“

Doch trotz aller Widerstände und Assimilierungsversuche konnte Dionysos wie ein trojanisches Pferd in die Polis eindringen. Damit scheint erwiesen zu sein, daß der Hellene für diese Berauschung anfällig war, wie für die „süßen Gaben“ der Aphrodite. Daß zur Begleitung des Widergottes auch oft ein Schwarm von Silenen und Satyre zählte, weist noch in eine andere Richtung. Diese geilen, tiermenschlichen Käuze sind Nachfahren vorgriechischer Götter oder Dämonen. In beiden Typen erscheint das Häßliche in der griechischen Kunst.

Am Gegenbild des Orients hat sich der Grieche die eigene Form erkämpft. So sah es Nietzsche: Apoll konnte stark werden, wo Dionysos mächtig war. Gegen dessen rauschhaftes Unmaß hat er Ordnung und Stil erzwungen.

Aus dem Gesang der Satyrn, aus den „Liedern der Böcke“ stammt das erhabene Wort Tragödie (tragos = Bock). In seiner Poetik führt Aristoteles die Entstehung der Tragödie zurück auf „jene, die den Dithyrambos anstimmten“. So verwendeten die „blondgelockten Danaer“ (Pindar) den Rohstoff des dionysischen Bocksgesanges beim Bau eines der größten Werke der hellenischen und der Menschheitskultur: der attischen Tragödie.

Das ist eine schöpferische Verwandlung wie das Veredeln des ungriechischen Sexualismus zur olympischen Erotik. So war der dionysische Gegenpol eine der Bedingungen der apollinischen Vollendung. Zugleich aber wurde mit der inneren Orientalisierung des Griechentums eine Gefahr heraufbeschworen, die Goethe, den Winckelmann als „antiken Menschen“ preist, ahnte. Goethe wies diese „asiatische Ekstase“

von sich und warnte die romantischen Schwärmer vor den „unseligen dionysischen Mysterien".

In Homers olympischer Religion zählt Eros nicht zu den 12 Hauptgöttern des Pantheon. Was wir unter Erotik verstehen, wird durch mehrere Götter und Göttinnen symbolisiert. Erst der rustikale Hesiod, der nicht wie Homer das Leben der adeligen Oberschicht besingt, sieht in seiner Theogonie Eros als die kosmische Urkraft, den „schönsten aller todlosen Götter". Später wird Eros immer jünger, weibischer und niedlicher, der dann als Göttlein oder Erosknabe nur noch schalkhafte Streiche spielt.

In den mystischen Lehren der artfremden Orphik dagegen galt er als das zeugende und schaffende Urprinzip. Im Demeter-Kult erschien der „Eros Kosmogonos" bereits als Mysteriengott und „Erlöser" (Klages). Wir geraten hier in eine Vorstellung, die Homer noch fremd war: die der orphischen Erlösungs-Religion. Aus den Gesängen Hesiods und den Mysterien der Orphik spricht die dämonische Allgewalt des Eros. Schon im 6. Jahrhundert singt Ibykos in deutlicher Anspielung auf Thrakien, von wo Dionysos und Orpheus gekommen sein sollen:

„Wie gepeitscht vom Blitz
Vor versengenden Gluten der Kypris
Thrakischer Nordsturm rast,
Also taumeln Sinne,
Doch unwiderstehlichen Andrangs
Herrscht mir, seit ich erwacht,
Eros im Herzen."

*

Lebensbejahung bedeutet immer auch Jasagen zum Geschlechtlichen, zur Liebe und Zeugung. Schon früh aber kommt ein verneinender, unhomerischer Zug in das hellenische Leben, der auch die Rolle von Eros und Sexus verändert. Lebensfeindliche Einzelurteile bei Sophokles und Euripides wiederholen, was der Mythos wesentlich früher andeutet. Als Silenos, der Begleiter des Dionysos, einst gefesselt vor den sagenhaften

Thraker-König Midas von Phrygien geführt wurde, antwortete er auf dessen Frage, was das Beste sei für den Menschen: nicht geboren zu werden — und das Zweitbeste, sobald wie möglich wieder zu sterben. Seither hängt dieser Pessimismus wie eine dunkle Wolke über dem hellenischen Dasein.

Thrakien, trotz indogermanischer Sprache die Heimat ekstatischer Kulte, hat Dionysos gesandt. Von dort soll auch Orpheus gekommen sein und die auf seinen Namen getaufte religiöse Sekte der Orphiker, deren erste Verkünder schon im 6. Jahrhundert in Griechenland auftauchten. In den Mythen wird diese Entwicklung zum orphischen Dualismus angedeutet:

Dionysos-Zagreus wurde von Titanen zerrissen und verschlungen. Die Riesen hat darauf der Blitz des Zeus erschlagen. Aus ihrer Asche entstand das Menschengeschlecht. So seien im Menschen von Urzeit her die böse Natur der Titanen und die göttlich-gute des Dionysos-Zagreus eingepflanzt.

Zeus hatte das Herz des von den Titanen zerrissenen Dionysos-Zagreus aufgegessen und zeugte schließlich Dionysos-Lyseus, den orphischen Erlöser. Damit taucht zum erstenmal innerhalb der griechischen Kultur ein Erlöser-Gott auf. Und mit innerer Folgerichtigkeit entsteht auch eine ungriechische Vorstellung vom Menschen: die Spaltung von Körper und Seele, Leibesächtung und Seelenverewigung. Der von der griechischen Kultur wie nie vorher verherrlichte Körper wird zum „Grab", das die „unsterbliche Seele" gefangenhält. Büßend und sühnend wandert die Seele durch viele Leiber ihrem jenseitigen Ziel entgegen. Im Jenseits erwartet sie dann der Totenrichter und schickt die fromme Seele in die ewige Seligkeit, die frevlerische in die ewige Verdammnis, in die Unterwelt des Tartaros.

Eine solche Lehre mußte dem homerischen Menschen verderblich werden und sein unbefangenes Verhältnis zu Leib und Sinnlichkeit gefährden. Die Orphik, indisch beeinflußt, wird eine Vorläuferin des Christentums. Alle jene Motive, welche die vorsokratische Philosophie von der christlichen Theologie unterscheiden, tauchen hier bereits auf: Lebensverneinung, Leibesächtung, Schuld, Buße, Erlöser und Jenseits. Der homeri-

schen Selbstsicherheit wurde das „schlechte Gewissen" eingeimpft: Erotik ward „Sünde".
Nun tauchen auch unter Griechen Asketen auf, die Fleisch als Nahrung verbieten und, schroffer noch, die Fleischeslust der Sinne, das „sündige Fleisch" — das Weib verneinen. Das wahre Leben beginne erst nach Befreiung vom Leibe. Zwangsläufig führen nun verborgene Wege von den orphischen Mysterien zu den Dionysien: Dionysos als „Erlöser" der Entrückten, der Ekstatiker. Und im 6. Jahrhundert erscheint bereits der asketische Pythagoras, dessen Gemeinde orphische Elemente aufnimmt. Pythagoras glaubt Homer und Hesiod im Hades am härtesten bestraft zu sehen.
Aus drei fremden Quellen fließt nun Widergriechisches nach Hellas: den Dionysos-Kulten, der Orphik und aus den Spekulationen des Pythagoras. In der Ideenlehre Platons werden sie dann philosophisch ausgeformt. Aus dem platonischen Dualismus folgt mit innerer Logik die „platonische Liebe".

Orgiasmus

Wie in der orientalischen Sexualität erscheinen nun auch im hellenischen Leben Ausschweifung und Askese, Sündengefühl und kultische Orgien. Es ist mit unserer heutigen Kenntnis des Altertums unvereinbar, das alles nun als echt „griechisch" zu deuten. Dies sind eindeutig Fremdkörper in der hellenischen Religion und Erotik: „Von Haus aus lag ihnen, den Vertretern herber, maßvoller Männlichkeit, erotischer oder religiöser Orgiasmus fern." (Schubart)
Darum wirkt die orgiastische Sexualität in allen religiösen Beimischungen als Symptom des Niedergangs der griechischen Kultur. Auf Orphik und Dionysos-Kult folgt dann in der hellenistischen Zeit jene Überflutung mit Mysterien und Kulten der Kybele, Isis, des Mithras, bis in der Spätantike der ganze Orient auf griechischem Boden zusammenschäumt.
Daß Orient und Pelasgertum in diesem Umfange griechisches Leben wieder überfremden konnten, zeigt, wie stark der

Mensch trotz seiner seelischen und geistigen Erbanlagen vom Bewußtsein aus umgestimmt werden kann. Diese im Vergleich zu Tier und Pflanze bedeutend größere Plastizität unterscheidet den Menschen auch biologisch erheblich von allen anderen Lebewesen, was gewisse Rassendogmatiker nie begriffen haben. Der Mensch wird eben nicht nur durch Erb- und Umwelt, sondern wesentlich auch durch seine Mitwelt geformt. Den zweiten welthistorischen Beweis dafür erbrachte die Christianisierung der Germanen. In beiden Fällen, bei der Orientalisierung Griechenlands und der Christianisierung Europas, wurde die Vermischung durch die hohe kulturelle Entwicklungsstufe erleichtert, der die Griechen im alten Orient und die Germanen im Christentum begegneten.

Mann und Weib

Das Christentum kennt kein göttliches Ehepaar. Auch zwischen Maria und Josef wird die leibliche Gemeinschaft geleugnet. Die Begattung Marias durch den „Heiligen Geist" geschieht ohne „Befleckung". Der griechischen Ehe dagegen waren Zeus und Hera das göttliche Gleichnis. Diodorus berichtet, auch bei Männergelagen sei der erste Becher Zeus und Hera dargebracht worden. Äschylos nennt die Ehe in den „Eumeniden" die „heilige Satzung" des Zeus und der Hera, des Vaters und der Mutter aller Wesen. Ihre heilige Vermählung befruchtet alles Lebendige. Schöner ist die eheliche Umarmung als Gleichnis kosmischer Zeugung nie gefeiert worden als in jener Liebesszene zwischen Zeus und Hera, der Homer 60 Verse der Ilias gewidmet hat. Hera, bereit für den göttlichen Gemahl, bittet nur noch um Schutz vor den Blicken anderer Götter. Zeus hüllt das Paar ringsum in Gewölk von strahlendem Gold . . .

„Also Zeus, und umarmte voll Inbrunst seine Gemahlin.
Unten nun sproß die heilige Erd' auf grünende Kräuter,
Lotos mit tauiger Blum', und Krokos samt Hyakinthos,
Dichtgedrängt und weich, die empor vom Boden sie trugen;

Hierauf ruheten beid' und hüllten sich rings ein Gewölk um,
Schön und strahlend von Gold; und es taueten glänzende Tropfen.
Also schlummerte dort auf Gargaros' Höhe der Vater,
Sanft von Schlaf bezwungen und Lieb' und umarmte die Gattin."

Wie mag der christliche Himmel mit dem unbeweibten, unnahbaren Gott und den geschlechtslosen Engeln auf hellenisches Empfinden gewirkt haben? Vielleicht galt die Verachtung, mit der die antiken Menschen den ersten Christen begegneten, auch der Lästerung der Sinne und dem unverständlichen Sündengefühl. Mit der Abwertung der Erotik wird dann stets auch das Weib entwürdigt. Trotz orientalischer Einflüsse blieb dem Hellenen ein solches Verhältnis zur Frau fremd. Das schließt nicht aus, daß es auch einzelne Zeugnisse von Frauenverachtung oder Weiberhaß gibt. Hypponax aus Ephesos (540 v. Chr.) soll den zynischen Vers geprägt haben:

„An zweien Tagen nur kann eine Frau dich laben:
Am Tage der Hochzeit, und wenn man sie tut begraben."

Von der Gattenmörderin Klytämnestra sagt Homer:

„Nichts ist scheußlicher doch, nichts unverschämter auf Erden
Als ein Weib, entschlossen zu solcher entsetzlichen Schandtat . . ."

Hesiod meint, ein gutes Weib sei „ein gar köstlicher Besitz", ein böses jedoch die schlimmste Plage, im Hause herumschmarotzend und den begüterten Mann aussaugend. Dieses Motiv kehrt immer wieder. Ein gutes Weib sei zu bewundern, ein schlechtes dagegen schlimmer als je ein Mann. Pandora, mit allen Reizen versehen, wird zur Strafe auf die Erde geschickt. Aus einer Büchse, die sie gegen das Verbot aus weiblicher Neugier öffnet, verbreiten sich Leiden und Plagen auf Erden.

Bei den großen Tragikern finden sich auch einzelne abwertende Urteile über die Frauen: Euripides, selbst von mürrisch-melancholischem Naturell, durch schlechte persönliche Erfahrungen

vorbelastet (die erste Frau, Choerilla, hat er wegen Untreue verstoßen, die zweite, Melito, hat ihn verlassen), spart nicht mit Gehässigkeiten. Niemals werde er aufhören, die Weiber zu hassen. Wenn es nur keine gäbe und der Mann sich die Kinder anderwärts beschaffen könnte. „Oh leidvolles Frauenbett, wie viele Übel schon hast du den Sterblichen gebracht; weh! dem Menschen ist die Liebe ein großes Unheil, Fluch oder Segen, wie die Schicksalswürfel fallen; sie ist das Süßeste zugleich und das Bitterste.“ Zu guten Künsten unbegabt, seien sie die geschicktesten Werkmeisterinnen des Bösen, schmähsüchtig von Natur, neidisch und zumeist den Nebenfrauen feindlich. Schlimmer als Schlangen und Feuer, das Schrecklichste auf Erden sei ein böses Weib.
Neben diesen Zerrbildern gestaltete er dennoch in der Alkestis und Andromache, Makaris und Iphigenia Ideale des Fraulichen, ebenbürtig den Wunderwerken weiblicher Plastik. Sophokles soll auf die Frage nach der Weiberfeindlichkeit des Euripides geantwortet haben: „Ja, in seinen Dramen wohl, aber nicht im Bett.“

Tiefer lotet der Mythos, der im Weibe — wie im Eros — neben der liebenden, gebärenden die zerstörerische Kraft, das Dämonisch-Weibliche darstellt: die liebende und rasende Rächerin Medea, die süßen und die trügerischen Gaben der Aphrodite; Helena, schönste Griechin und Ursache von zehn Jahren Krieg und Männermord.

*

Männer haben die Tagseite der griechischen Kultur beherrscht. Wer den Rang ihrer Frauen nach ihrem Wirken auf männlichen Gebieten der Kunst, im Staate und in der Gesellschaft bestimmen will, wird feststellen können: Verglichen mit unseren Frauen waren die griechischen auf die zweite Rolle beschränkt. Doch eine moderne Wertung verkennt leicht die geschichtlichen Unterschiede.
Die Hellenin war auf das weiblich-mütterliche Gebiet begrenzt, in ihrem Reiche aber hat sie geherrscht. Sophokles, Erotiker

gleich Goethe, würdigt den weiblichen Eigenwert: Kein Haus, wie immer auch von Reichtum gesegnet, sei je glücklich gewesen unter Sterblichen ohne ein edles Weib. Den Vorrang des Mannes fordert schroff Sokrates, wenn er vom Weibe verlangt, es solle sich nach der Gemütsart des Mannes richten, wie der Mann nach den Gesetzen des Staates. Das Weib diene der Polis nicht unmittelbar, nur als Mutter sei es Bürgerin des Staates. Der noch nach der althellenischen Ethik wertende Plutarch meint, der Gatte solle der einzige Freund der Frau sein, und sie hätte in seinen Göttern auch ihn zu ehren. Die göttliche Hera selbst beweise das altgriechische Wort, daß der Frau das Leben raube, wer ihr den Gatten nimmt. Wenn die Gattin in ihrem Ehebett gekränkt werde, sei keine Seele rachgieriger als sie.

Ein eitles Unterfangen, ausklügeln zu wollen, wo das Recht der Griechin begonnen, wo es endete. Ergreifend schildert die Ilias, was Hektor für Andromache war. Ihren Sohn auf dem Arme, zum Abschied, vielleicht zum letzten, vereint, spricht die Gattin in banger Sorge:

„Aber neben ihn trat Andromache, Tränen vergießend,
Drückt' ihm freundlich die Hand und redete, also beginnend:

‚Trautester Mann, dich tötet dein Mut noch. Und du erbarmst dich
Nicht des stammelnden Kindes, noch mein, des elenden Weibes,
Ach bald Witwe von dir! Denn dich töten gewiß die Achaier,
Alle daher dir stürmend! Allein mir wäre das beste,
deiner beraubt, in die Erde hinabzusinken; denn weiter
Ist kein Trost mir übrig, wenn du dein Schicksal vollendest,
Sondern Weh! und ich habe nicht Vater mehr noch Mutter!
Hektor, siehe, du bist mir Vater jetzo und Mutter,
Und mein Bruder allein, oh du mein blühender Gatte!
Aber erbarme dich nun, und bleib allhier auf dem Turme.
Mach nicht zur Waise das Kind, und zur Witwe die Gattin!‘

Ihr antwortete darauf der helmumflatterte Hektor:

‚Mich auch härmt das alles, o Trauteste; aber ich scheue
Trojas Männer zu sehr und die saumnachschleppenden Weiber,
Wenn ich hier, wie ein Feiger, entfernt das Treffen vermeide.‘ “

Noch einmal herzt und küßt er seinen Sohn . . .

„Jener sprach's und reicht' in die Arme der liebenden Gattin
Seinen Sohn; und sie drückt' ihn an ihren duftenden Busen,
Lächelnd mit Tränen im Blick; und ihr Mann voll inniger Wehmut
Streichelt sie mit der Hand und redete, also beginnend:
‚Armes Weib, nicht mußt du zu sehr mir trauern im Herzen!
Keiner wird gegen Geschick hinab mich senden zum Ais.
Doch dem Verhängnis entrann wohl nie der Sterblichen einer,
Edel oder gering, nachdem er einmal gezeugt ward.
Doch zum Gemach hingehend besorge du deine Geschäfte,
Spindel und Webestuhl, und gebeu' den dienenden Weibern,
Fleißig am Werke zu sein. Der Krieg gebühret den Männern
Allen, und mir am meisten, die Ilios' Veste bewohnen.'
Als er dieses gesagt, da erhub der strahlende Hektor
Seinen umflatterten Helm; und es ging die liebende Gattin
Heim, oft rückwärts gewandt, und häufige Tränen vergießend."

Im Goldgeschmeide seiner Sprache dichtet Homer hier den Höhenweg des mann-weiblichen Schicksals; die Mutter und den Krieger und zwischen ihnen das Kind, so wie Natur und Kultur es jedem zugewogen. Wer könnte klarer die Rollen ordnen und ihren Rang bestimmen? Die Tragik der Geschlechter! Das ist der tiefere und ernstere Hintergrund hellenischen Lebens, den man mitdenken sollte, wenn der Vordergrund als Spiel um Eros und Aphrodite erscheint.

*

Die im ursprünglichen Hellenentum angelegte indogermanische Lebensordnung, von Herr und Herrin bestimmt, wird dreifach verletzt durch den orgiastischen Sexualismus, das Hetärentum und die Homosexualität. Besonders die Knabenliebe, sooft sie auch durch Schönheitsideale oder den „Pädagogischen Eros" verklärt worden sein mag, hat die Wertung der Frau und ihre Rolle in der Polis stärker beeinträchtigt als in anderen Kulturen. In dieser wenn auch veredelten Perversion drohte eine ernste Gefahr für die griechische Familie und für die hellenische Kultur.

Man darf nie vergessen: Über allen individuellen, musischen und philosophischen Bestrebungen standen besonders in Sparta soldatische Ideale und politischer Wille. Die Kriegerbünde, später auch der Jünglingsbund — die Ephebie — bestimmten das gesellschaftliche Leben stärker als Ehe und Familie. Der militärisch-politische Vorrang des Mannes übertrug sich auf seine Vaterrolle in der Familie. Daraus folgt auch die unterschiedliche Wertung des Ehebruches bei Mann und Frau.

Nur in Sparta, das in der Verfeinerung der Kultur hinter den anderen Stämmen zurückstand, hat die Stellung der Frau nähere Verwandtschaft mit der germanischen Gleichberechtigung. Wesentlich verschieden sind indes altgermanische und spartanische Lebensformen darin, daß sich dort das Zahlenverhältnis zwischen Freien und Unfreien nicht annähernd so stark zugunsten der Unfreien ausgewirkt hat wie in Sparta. Die wenige Tausend Mann umfassende dorische Herrenschicht lebte in schroffem Abstand zu den helotischen Staatssklaven und den unterworfenen Periöken. Diese soziologische Spannung zwang die Spartiaten auch zu strengerer Ehemoral und sicherte den hohen Rang der Frau, der fast einer Gleichberechtigung entsprach. Die Spartiaten sollen darum auch als Ehemänner treuer gewesen sein als ihre Stammesbrüder in Athen. Plutarch, der zwar die alten Zustände idealisiert, erzählt:

„Geradas, ein Spartaner der älteren Zeit, gab seinem Gaste, der ihn fragte, wie man in Sparta die Ehebrecher bestrafe, die Antwort: ‚Bei uns gibt es keine Ehebrecher.‘ — ‚Wenn nun aber doch mal einer sich fände?‘ — ‚Dann muß er zur Strafe einen Stier geben, der so groß ist, daß er mit seinem Kopfe über den Taygetos (2409 m) hinüberreicht und aus dem Eurotas trinken kann.‘ — Da nun der Gast voller Verwunderung ausrief: ‚Wo in aller Welt ist ein so großer Stier zu finden?‘, sagte Geradas lachend: ‚Und wo ist in Sparta ein Ehebrecher zu finden?‘ “

Eine Ausnahme gab es in Sparta: Wenn ein Ehemann seine Zeugungspflicht vor Staat und Familie nicht angemessen erfüllen konnte, durfte und sollte er einem anderen Manne gestatten, im

eigenen Ehebette zu leisten, was dem unglücklichen Stammesgenossen versagt war.
So zeigte es das späte Idealbild des Plutarch. Als Spiegel der antiken Wirklichkeit ist die griechische Mythologie zuverlässiger. In jener mit großer Kunst gestalteten Szene, als Hera Zeus von der Betrachtung der Kämpfe um Troja zu seliger Umarmung entführt, wird geschildert, wie der Gott seiner Gattin beteuert, nie habe ihn ein Weib erregt wie ihr Anblick. Zeus nennt ihr die lange Reihe der Frauen, die ihm kein gleiches Glück geschenkt hätten. Das durfte Zeus der eifersüchtigen Hera sagen! Die monogame Treue des Gatten dürfte also kaum die Grundlage der hellenischen Ehe gewesen sein. In der irrtümlich Demosthenes zugeschriebenen Rede gegen Neaira heißt es:
„Die Hetären haben wir zu unserem Vergnügen, die Kebsweiber zur täglichen persönlichen Bedienung, und die Ehefrauen, um unsere Kinder zu gebären und unser Haus getreulich zu verwalten."
Für die homerische Zeit ist die Existenz von Kebsweibern verbürgt wie im Altgermanischen. Aristoteles findet es erstaunlich, daß Homer keine der Beischläferinnen von Helenas Gatten, Menelaos, erwähne, da er doch allen anderen griechischen Adeligen zwei Frauen zubillige.

Ehe

Die Ehefrau war Herrin nur in ihrem Reiche, im Hause, im Gynäkeion. Sie teilte das Bett, nicht den Tisch mit ihrem Gatten. Die Mahlzeiten waren vom Männergespräch begleitet, an dem die Frau nicht teilhaben sollte. Ihre höhere und wichtigere Aufgabe fand sie in der Erziehung der Kinder, auch der Knaben, bis sie alt genug waren für die rauheren Formen männlicher Zucht. Die Mutterrolle des Weibes bestimmte seine Lebensrolle. Griechische Mütter wurden geehrt und gefeiert wie heldische Männer. Für viele Zeugnisse möge das Wort des Dichters Alexis stehen: „In nichts offenbart sich Gott uns mehr als in der Mutter."

Das gültigere Urteil über die griechische Frau verdanken wir nicht den Philosophen und Rechtsgelehrten, sondern schönheitstrunkenen Künstlern. Nicht Gesetze, die antiken Statuen offenbaren die Würde der Hellenin.

Der Hochschätzung der Mutterschaft widersprach nicht die mildere Verurteilung eines Ehebruchs des Mannes. Die Ehe war durch außereheliche Geschlechtsbeziehungen des Gatten nicht „gebrochen". Der Ehebruch der Gattin aber gefährdete, was die Verlobungsformel forderte, die „Erzeugung rechtmäßiger Saat". Er wurde grausam bestraft. Plutarch erzählt, in Kyme habe man die Ehebrecherin auf den Markt geschleppt und sie auf einem Esel nackt durch die Stadt reiten lassen. In Lepreon und Elis stand die für ehrlos erklärte Gattin elf Tage in dünnem Hemde am Pranger. Aus gleichem Grunde wurde auch der Mann, der eine verheiratete Frau verführte, hart bestraft. Dies wird bewiesen durch das Recht des Ehemannes, den Verführer seiner Frau zu züchtigen, ja, in flagranti ertappt, zu töten. Der lokrische Gesetzgeber Zaeukos gestattet für diesen Fall, dem Verführer die Augen auszustechen. Das war Rechtsordnung vom ältesten Gesetzgeber bis zu Aristoteles, der beim Ehebruch des Mannes den Verlust der bürgerlichen Ehrenrechte fordert. Die härtere Bestrafung der Ehefrau gilt jedoch allgemein. Auch der Gatte einer ehebrecherischen Frau wurde ehrlos, wenn er den Betrug erfuhr, ohne sie zu verstoßen.

Hetären

Als Hausfrau und Mutter lebte die Frau zurückgezogen. Die eheliche Hüterin von Haus und Herd mied die Ausschweifungen der Kulte des Dionysos und der Kybele, Rausch und Ekstase. Im Laufe der Jahrhunderte gewann die Griechin an „Freiheit" — wie das allgemeine Leben an Sittenstrenge verlor. Es mehrten sich orgiastische Kulte, sexuelle Ekstasen und lesbische Erotik.

Noch Perikles hat die attische Frau gerühmt. Der überragende Staatsmann wird dennoch mitschuldig an der Gefährdung der Ehe, als er der Gattin die Freundin vorzieht und das Hetärentum königlich rechtfertigt. Von Perikles' erster Frau, Hermippos, wegen Gottesleugnung und Kuppelei angeklagt, erreicht die Hetäre Aspasia, durch Perikles selbst verteidigt, nur mit Mühe den Freispruch. Da er dann die Hetäre zur Gattin erhebt, begünstigt er einen Einfluß, der die griechische Familie schwächt und mit ihr die Kraft der Polis.

Das Matriarchat in der Götterwelt haben Zeus und Apoll besiegt; die Amazonen aus dem Nordosten Kleinasiens wurden ausgerottet. Ihre Königin, Penthesilea, wurde durch Achill getötet. Als Hetäre greift das Weib jedoch erneut an, und was Göttinnen und Amazonen nicht vermochten, gelingt den Hetären: gesellschaftliche Gleichberechtigung, sogar Vorrecht und Vorrang. So emanzipiert sich später das hellenische Weib und zerreißt auch in der Erotik jene Bindungen, die ihr der biologische Sinn der Ehe auferlegt hatte.

Die Literatur berichtet mehr von Hetärengesprächen als von Tugend und Würde der Frau, wie sie die hellenische Gesittung einst gefordert hatte. Man muß sich solcher Frauen erinnern, um zu erkennen, welche Gefahr für die Kultur- und Lebenskraft der Griechen mit dem Vordringen des Hetärentums auftaucht. Zenon, Begründer der Stoa, hat sein allzu drakonisches Frauenideal überliefert:

„Rein soll sie von Antlitz sein, das Auge weder zu frei geöffnet noch zu verschleiert, den Hals nicht recken und die Glieder des Leibes schwebend tragen und wohlgespannt. Verstandesscharf in der Rede, soll sie Gutes bewahren, das ihr begegnet, und in ihren Bewegungen und Gebärden keinerlei Hoffnungen erwecken bei den Unzüchtigen. Scham sei ihr Schmuck; mit ernstem Blick meide sie Salbenhändler, Goldarbeiter, Tuchläden und alle Händler, bei denen andere, geschmückt gleich Hetären, ihren Tag versitzen, als wären sie im Bordell ..."

Doch sollte man Hetären nicht mit Prostituierten verwechseln, sowenig wie die hellenische Homoerotik mit der modernen Homosexualität. Auch das Hetärentum steht unter dem griechischen Gesetz der Schönheit, die noch das Laster veredelt. Das freiere Leben der „Freundin" bot ihr auch größere Bildungsmöglichkeiten und ließ sie gesellschaftlich überlegen erscheinen gegenüber der Ehefrau.

Da die antike Lebensordnung die moderne Seuche der Hast und Zeitnot nicht kannte, war das Gespräch noch ein Kulturgenuß, und die Hetäre konnte hier die Reize des Weiblichen mit Witz und Geist verbinden. Die überreife hellenische Lebenskultur duldete also neben der Hüterin des Herdes und Gebärerin der Kinder auch die „Gefährtin" — nichts anderes heißt „Hetäre". Die Hetäre steht zwischen Gattin und Dirne.

Wenn Gattin und Hetäre klare Grenzen unterscheiden, so sind sie zwischen Dirne und Hetäre fließend. Beide, Hetäre und Dirne, verehrten Aphrodite als ihre Göttin und Schutzherrin, und gemeinsam haben sie ihr in ausschweifenden Kulten gedient. In den Hafenstädten wucherten Geschäft und Gelegenheit, besonders im lasterhaften Korinth, wo Freudenmädchen und Hetären, „die Füllen der Aphrodite", ein eigenes Aphroditefest feierten, zügellos durch die Straßen schwärmten, „fast nackt in duftigen Gewändern in Scharen aufgereiht" (Eubulos). In Thessalien feierten sie hemmungslos die Aphrodite Anosia, unter Ausschluß von Männern, in lesbischen Orgien.

In Athen mußte der würdige Solon, um die Prostitution zu regeln, ein Staatsbordell (Deikterion) gründen, das für hoch und niedrig Sexualgenüsse zum Einheitspreis von einem Obolus anbot. Dieses Vordringen des Hetären- und Dirnentums konnte für das eheliche Leben nicht ohne gefährliche Folgen bleiben. Es läßt sich der ursächliche Zusammenhang nachweisen zwischen Zunahme der käuflichen „Liebe", Geburtenschwund und biologischem Niedergang, besonders dann in späthellenischer Zeit.

*

Die Hetären sind von der letzten Blüte der griechischen Kultur kaum zu trennen. Als Freundinnen großer Männer haben sie diesen Frauentyp veredelt: Aspasia für Perikles, Danae für Epikur, Phryne für Praxiteles, und auch der Philosoph des geistigen Eros, Platon, soll die Reize einer Archäanassa nicht verschmäht haben. Im Symposion läßt er Diotima den Eros der Ideen begründen und Sokrates über das wahre Wesen der Liebe

belehren. Die „Priesterin“ Diotima ist die dichterische Idealisierung der Freundin. Ihr lebendiges Vorbild dürfte die Aspasia des Perikles gewesen sein, die selbst den Sokratikern Xenophon und Platon als die geistig höchststehende Frau ihres Zeitalters erschien. Glykon, die Geliebte des Menander, wurde durch das Genie der attischen Komödie, Aristophanes, unsterblich. Die Hetäre Alexanders des Großen, Thais, die königliche Intrigantin, wurde später von Ptolemäos zur Gattin erhoben, in der sich Amazonisches und Hetärisches gefährlich mischten.
Eine nur moralische oder biologische Wertung hetärischer Frauen vermöchte ihnen nicht gerecht zu werden. Was auch immer gegen die Hetären zeugt, sie wurden uns als eine Vollendung weiblicher Schönheit überliefert. Von den Aphrosidien auf Ägina gibt Athenaios ein Bild der Hetäre Phryne, die man im 4. Jahrhundert allgemein bewunderte:

„Es war aber Phryne tatsächlich mehr an den Teilen schön, die man nicht zu zeigen pflegt, und es war nicht leicht, sie nackt zu sehen, denn sie pflegte einen enganliegenden Chiton zu tragen und benutzte nicht die öffentlichen Bäder. Als aber an der Eleusinienfeier und am Poseidonfeste das ganze Griechenvolk versammelt war, legte sie vor aller Augen die Gewänder ab, löste das Haar und stieg nackt in das Meer: Das gab dem Apelles die Anregung zu seiner aus dem Meer emporsteigenden Aphrodite.“

Der berühmte Liebhaber der Phryne aber war Praxiteles. Er hat sie als das Vorbild seiner Aphrodite-Statuen, darunter die Knidische Aphrodite, die Aphrodite Euploia, allen Zeiten geschenkt. Ein Grieche hat mit Phryne weibliche Schönheit vergöttlicht.

*

Reicher als irgendeine andere Kultur hat die hellenische alle Höhen und Tiefen der außerehelichen und der ehelichen Erotik ausgekostet. Dennoch behielt die Ehe ihre zentrale Bedeutung in den gesunden Jahrhunderten.
Auf dem Gipfel der geistigen Entwicklung, bei Platon und Aristoteles, wird philosophisch ausgeformt, was das griechische

Leben vorgebildet hatte. Platon erweitert den Eros in seiner großartigen Schau des Willens zum Schönen, beginnend mit der körperlichen Vereinigung bis hinauf zur seelischen und geistigen Zeugung, in der „Idee" des Schönen und der Schönheit der Idee.

*

Aristoteles hat sich als Schüler der platonischen Akademie von der orphischen und pythagoräischen Überfremdung Platons weitgehend befreit und mit der Wiederaufnahme und Vollendung vorsokratischen Denkens auch eine Philosophie der Ehe gelehrt, als letzter urgriechische Gesittung zusammenfassend. Den natürlichen und den kulturellen Sinn der Ehe verbindend, fordert er, Familie und Eigentum müßten das Fundament des Staates bilden. Die Familie aber sei früher und notwendiger als der Staat. Durch die Zweiteilung des Menschen in Geschlechter sei dieser mehr ein eheliches als ein politisches Wesen. Die Gottheit selbst habe den Mann und die Frau für diese Lebensgemeinschaft ausgerüstet, sie teilweise einander entgegengesetzt, damit sie einander bedürften, sich ergänzend und zum gleichen Ziele verbindend.

Die Natur gestalte den Mann stärker, die Frau schwächer, damit sie aus Furcht geschickter werde zum Bewachen, dagegen er aus Kraft beherzter zur Verteidigung; er außen erwerbend, sie im Inneren erhaltend. Darum sei die Ehe die erste und natürlichste der Gemeinschaften und als solche die Grundlage aller übrigen, auch des Staates. Nicht nur, um das Leben zu erhalten, wie die Tiere, sondern für seine Steigerung zu einem „guten" Leben sollten Mann und Frau zusammenwirken.

Aus hellenischer Tradition behauptet auch Aristoteles noch, das männliche Geschlecht sei, verglichen mit dem weiblichen, von Natur aus höher, das weibliche geringer; das eine zum Herrschen geboren, das andere zum Beherrschtwerden. Die männliche Herrschaft aber sei nicht die der orientalischen Despotie. Der Mann herrsche über das Weib, wie man in einer Aristokratie die Freien regiere.

Barbarenart sei es, die Frau wie eine Sklavin zu behandeln. Was sich für die Frau eigne, das solle der Mann ihr allein überlassen.

Der Frau, die wie eine Schutzsuchende vom elterlichen Herde weggeführt worden sei, dürfe kein Unrecht geschehen. Unrecht sei der Umgang mit fremden Weibern.
Die Zeit zum Heiraten müsse so gewählt werden, daß beide gemeinsam altern und ihre Kräfte einander nicht widersprächen. Mißhelligkeit und Zwist müßten entstehen, wenn nur der eine Teil noch zeugungsfähig sei. Da der Mann diese Grenze mit siebzig, die Frau mit fünfzig erreiche, empfehle sich für die Frau die Verehelichung mit achtzehn, beim Manne mit siebenunddreißig. Dies sei für beide die Zeit der größten Zeugungsfähigkeit.
Außerehelicher Verkehr dürfe dagegen nie und nirgendwo als anständig gelten. Wer in der für die Kinderzeugung vorgesehenen Zeit die Ehe breche, den treffe als angemessene Strafe die Ehrlosigkeit.
Jeder wird den Unterschied erkennen zwischen der Erotik, wie Mythos und Volkssitte sie überliefern, und der archaischen Strenge des großen Ontologen und Ethikers, der die europäische Philosophie über ein Jahrtausend beherrscht hat. Im Gegensatz zu Platon selbst Ehemann und Vater, hat Aristoteles den orgiastischen Kulten und sexueller Zügellosigkeit die ehernen Gesetze seiner Wertordnung entgegengestellt.

*

Wir wissen heute, es war zu spät! Je raffinierter und luxuriöser die Formen des Sinnengenusses wurden, um so weiter entfernte sich das Ehe- und Geschlechtsleben vom biologischen und kulturellen Sinn. Die sexuellen Laster haben die Ehe und damit eine der Grundlagen der Polis ausgehöhlt.
Noch im Abendschein des Hellenismus hat der Freund des Kaisers Julianus, der letzte große griechisch-heidnische Rhetor, Libanios, versucht, die griechische Ethik zu erneuern, um der Ehe die alte Würde zurückzugeben. Durch die eheliche Zeugung werde der Schmerz des Todes gelindert, wenn der sterbende Vater, in seinen Kindern fortlebend, soweit ihm vergönnt, an der Unsterblichkeit der Menschheit teilhabe. Die Ehegesetze seien darum jene, die am stärksten das Leben der Menschen zusammen-

hielten. Auf der Heiligkeit der Familie gründe die Staatsordnung.

E. v. Lasaulx schildert aus den Schriften pythagoreischer Frauen eheliche Werte. Die Tugend der Frau bestehe vor allem in der Züchtigkeit der Sinnesart, mit der sie ihren Mann liebt und ehrt. Einige Tugenden kämen ausschließlich den Männern, andere den Frauen und verschiedene beiden gemeinsam zu; es gäbe solche, die mehr der Frau als dem Mann und mehr dem Mann als der Frau entsprechen. Nur den Männern stehe es zu, das Heer zu führen, Politik zu treiben, vor dem Volke zu reden; Frauenaufgabe sei es, das Haus zu behüten.

Gemeinsam zieme ihnen Mut, Gerechtigkeit, Einsicht. Wie die körperlichen Werte der Gesundheit, Stärke, Frische der Sinne, Schönheit gleich wichtig seien für Mann und Frau, so auch Gesundheit und Tüchtigkeit der Seele. Tapferkeit und Einsicht kämen mehr dem Manne zu als dem Weibe, da er kräftiger sei an Körper und Seele. Mehr noch für das Weib als für den Mann schicke sich züchtige Sinnesart. Sie zeige sich zuerst in der Heiligkeit und Frömmigkeit, mit der sie ihr Ehebett hütet, zweitens in ihrer Kleidung, drittens ihren Gängen außer Haus, viertens im Fernbleiben von orgiastischen Festen des Bacchos und der Kybele, fünftens in der Gewissenhaftigkeit und Mäßigkeit im Kulte der Gottheit.

Die erste der weiblichen Tugenden, alle anderen in sich fassend, sei jedoch diese: unverdorben und rein zu sein in der ehelichen Keuschheit. Jene aber, die, statt Kinder zu gebären, wie es das Gesetz fordere, aus purer Lüsternheit und im Übermut frevelten, dem Manne und der Sippe Bastarde einbrächten, gegen solche gäbe es wegen der Größe des Verbrechens nur die härteste der Strafen, den Tod.

Wenn auch die rigorose Moral des Pythagoras dieses Bild idealisiert, es wird doch sichtbar, daß neben und vor dem Hetärischen das alte Hochziel heiliggehalten wurde: die hellenische Frau und Mutter, Hüterin der Familie, Schutzgeist der Art. Hetäre und Gattin waren polare Möglichkeiten griechischer Erotik, solange sie noch in einem gesunden Verhältnis blieben. Das allmähliche Vordringen und spätere Vorherrschen des Hetärischen indessen hat dann den Sitten- und Kulturverfall der herrschenden Schicht beschleunigt.

Väter und Mütter

Das griechische Weib war als Gattin auf die biologische Lebensrolle beschränkt, hier hatte es seine Größe und Grenze. Das Wort für Weib, „Gynai“, ist sinngleich mit „die Gebärende“. Die germanische „Herrin“ erscheint ähnlich in der Bezeichnung „déspoina“, das galt aber nur für Gattinnen der Adeligen und auch für diese nur in ihrem häuslichen Reiche.

Wieweit die weibliche Rolle vom Biologischen bestimmt war, zeigt sich im sittenstrengen Sparta, wo man, die Mutter höher stellend als in allen anderen griechischen Staaten, es gestattete — wenn Plutarch wahrheitsgetreu berichtet —, daß „der Mann seine ehelichen Rechte einem sexuell Stärkeren, von dem er besonders schöne und kräftige Kinder erwarten konnte, vorübergehend abtrat, ohne daß dadurch die Ehe getrübt worden wäre“. Plutarch vergleicht die spartanische Ehe sogar mit einem „Gestüt“ zur Erzeugung zahlreichen und rassetüchtigen Nachwuchses.

Dennoch war die Ehe nie in solchem Grade „Gestüt“ wie im Semitentum. Im Buch Hennoch (10,17) wird versprochen, daß die Gerechten nach dem Endgericht bis zu tausend Kinder zeugen und die Weiber zur Zeit des Messias täglich gebären könnten. Durch den Männermangel nach dem Untergang von Sodom und Gomorra gezwungen, machen Lots Töchter den alten Vater betrunken, „um Samen von ihm zu haben“. Der Wille zum Kinde war stärker als die Angst vor der Blutschande. Kinderreiche Vielweiberei war höher geschätzt als monogame Kinderlosigkeit. Salomon sollen 700 Weiber und 300 Kebsen gestattet gewesen sein. Diese Unterordnung der Ehe und des Weibes unter den Zweck der Fortpflanzung gab dem kleinen jüdischen Volke jene weltgeschichtlich einzigartige Lebenszähigkeit und Daseinskraft. Nur in den frühen Jahrhunderten war auch in Hellas die Ehe stärker in den Dienst der Fortpflanzung gestellt. Das „Gestüt“

der spartanischen Familie war zwar auch damals eine Ausnahme, doch wurde die Erzeugung zahlreicher Nachkommen angestrebt: nicht nur die größere Zahl, auch der höhere Wert, Hauptziel war „die notorische Schönheit der Rasse“ (Burckhardt).
Der griechische Stolz gegenüber jenen „Barbaren“, den kultivierten, aber feigen in Asien, den primitiven, aber mutigen im Norden, deren Vorzüge der Grieche (nach Aristoteles) in sich vereinigt haben soll, ohne mit ihren Fehlern belastet gewesen zu sein — diese Selbsterhebung über alle Nichtgriechen stellte auch der hellenischen Ehe ein hohes Ausleseziel. Die utopischen Züchtungsforderungen, die Platon in seinem Idealstaat aufstellt, sind nur die späte Übersteigerung eines früh feststellbaren Veredelungswillens.
Im 6. Jahrhundert warnte Theognis von Megara, der große Mahner und Verteidiger altadeliger Tüchtigkeit: „Wir sehen uns um nach Widdern, Eseln und Hengsten von guter Rasse, und man glaubt, daß Gutes aus Gutem entspringt; dennoch trägt ein guter Mensch keine Bedenken, die schlechte Tochter eines schlechten Vaters zu heiraten . . . man wundere sich also nicht, wenn der Grundstock unseres Volkes befleckt wird, denn die Guten mischen sich mit den Gemeinen.“
Waren griechische Kunst wie griechische Erotik ein Hymnus auf Adel und Schönheit des Leibes, dann bekannte man sich damit auch zur Einheit von Körper, Geist und Seele. Ein solches Lebensgefühl mußte die körperliche Erscheinung des Menschen als Gleichnis seines Geistes und seiner Seele verstehen. Aristoteles hat diese Überzeugung ins philosophische Bewußtsein gehoben. Er entwarf eine Physiognomik:

„Noch nie ist ein lebendes Wesen entstanden, das die Gestalt des einen, aber die seelische Art eines anderen lebenden Wesens gehabt hätte, sondern immer gab es Leib und Seele der gleichen Art, woraus notwendig folgt, daß zu einem Körper von bestimmter Art auch ein seelisches Wesen von bestimmter Art gehört . . .“

Der sogenannte Brautraub oder Brautkauf wurde von den Empfindungen Spätgeborener in seinem biologischen Sinn nicht mehr verstanden. Weil die ehefähigen Jungfrauen keine Mitgift erhielten, wurden sie nicht nach wirtschaftlichen Zwecken, sondern nach ihrem menschlichen Wert gewählt. Plutarch berichtet, die Lykurgischen Gesetze hätten die spartanischen Jünglinge gezwungen, sich gemeinsam in unbefangener Nacktheit im Wettlauf, Ringen, Diskuswerfen und Speerschleudern zu üben, wie die Mädchen vor den Augen der Jünglinge nackt sangen und tanzten, vom Lob und Tadel der männlichen Jugend angefeuert oder belehrt. Durch solche Mittel werde beider Phantasie „frei von schwächlicher Lüsternheit, gereinigt und gestärkt und des Leibes wie der Seele Schnellkraft aufs höchste entwickelt und gesteigert. So vorbereitet, wenn beide Geschlechter in der Fülle des Lebens vollkräftig und reif, sollte der Jüngling seine verlobte Braut, ohne Mitgift, nach alter Sitte entführen . . .“ Noch Platon verlangt, daß sich Jünglinge und Mädchen vor der Verlobung nackt sehen sollten, „. . . soweit es wenigstens der Anstand zuläßt . . .“

Zahlreich sind die Stimmen, die mahnen, daß in der Liebe das Spätlernen gesünder sei als das Frühwissen. Den Knaben solle keine Muße bleiben für Geschlechtsgenüsse vor dem 20. Lebensjahr. Auch dann müsse er noch sparsam sein mit Aphrodisien, und besser sei es sogar, früh zu sterben als sich und seine künftigen Kinder durch Ausschweifung zu schwächen. Ein Schüler des Aristoteles, Aristoxenos, behauptet, aus schlechter, uneiniger und stürmischer Vermischung könne kein harmonischer, schöner und guter Lebensanfang entstehen.

Der manchmal weiberfeindlich erscheinende Euripides fordert: Aus Edlen wähle sich ein Weib, an Edle gebe seine Töchter, wer sich gut zu raten wisse; nach niedriger Ehe solle man nicht verlangen, auch wenn sie reiche Mitgift ins Haus brächte. Kein schöneres Erbteil gäbe es als gute Abstammung. Das züchtige Ehebett einer Geringen sei besser als das zuchtlose einer Reichen. Zu verachten sei, wer der Lust zuliebe den Kindern erbliche Schmach hinterlasse.

In den Zeugungsjahren und vorzüglich am Zeugungstage enthalte man sich alles Schädlichen. In der Umarmung solle der Bräutigam sein ganzes Denken auf die Braut, die Braut ihr

Sinnen auf den Bräutigam richten. Wenn so beider Seele und Leib vereinigt seien, werde das Erzeugte am schönsten und am besten gedeihen. Die eingeborene Urkraft könne alles retten, wenn sie der Mensch, der sie gebraucht, gebührend in Ehren hielte.

*

Nicht die kultischen Ausschweifungen, die Hochzeitsbräuche zeigen die vitale Kraft des hellenischen Eros. Von den rauheren Sitten der Spartaner berichtet Plutarch: „Die Verheiratung selbst geschah auf die Art, daß jeder sich eine Jungfrau raubte, nicht aber eine kleine oder unmannbare, sondern eine solche, die völlig erwachsen und heiratsfähig war. Die Brautdienerin nahm die Geraubte in Empfang, schor ihr den ganzen Kopf kahl ab, zog ihr ein männliches Gewand und Schuhe an, legte sie auf eine Streu und ließ sie im Finstern allein. Der Bräutigam schlich sich dann, nicht betrunken, nicht durch Schwelgerei entkräftet, sonder bei völliger Nüchternheit heimlich zu ihr, löste den Gürtel und legte sie aufs Bett. Wenn er eine kurze Zeit mit ihr zugebracht hatte, ging er wieder sittsam weg, um an dem gewöhnlichen Orte in Gesellschaft der anderen jungen Männer zu schlafen."

Auch in den folgenden Nächten blieb es bei seltenen, heimlichen Besuchen, und manchem waren schon Kinder geboren, ehe er seine Frau bei Tage gesehen. Diese Art des seltenen Zusammenkommens „diente nicht allein zur Übung in der Enthaltsamkeit und Mäßigung, sie beförderte auch die Fruchtbarkeit und bewirkte, daß sie sich immer mit neuer und verjüngter Liebe umarmten, wenn sie, anstatt durch einen zu häufigen Genuß gesättigt oder entkräftet zu werden, gleichsam einen Zunder der wechselseitigen Liebe und Zuneigung zurückließen . . ."

Derart dorisch streng waren die Heiratssitten nicht in ganz Griechenland. Ein Abglanz hochzeitlicher Poesie liegt über den wenigen noch erhaltenen Brautkammerliedern. Die graue Nüchternheit unserer Standesämter, die den Vollzug einer Ehe zum bürokratischen Aktenvorgang unterkühlen, sind der lahme Gegensatz des Überschwanges, mit dem Hellas in Fest und Schmuck Hochzeit gefeiert hat. In der Nachdichtung von Theokrit werden die Bräuche poetisch verklärt. Einleitend beschreibt er folgendes Bild:

„Einst im Palast des Menelaos, des blondumlockten, in Sparta,
Führten den Rundtanz Jungfrauen auf, Hyazinthen in Blüte
Tragend im Haar, an der Kammer, der neu mit Gemälden geschmückten,
Zwölf von den ersten der Stadt, der erlesensten ganz Lakedämons,
Als sich der jüngere Atride des Tyndaros Tochter, die holde
Helena, die er gefreit, einschloß in die bräutliche Kammer.
Lautauf sangen sie alle, sie schlugen im Takte den Boden
Wechselnd mit zierlichem Fuß, rings hallte das Haus von dem Brautlied.“ —

„Heil dir, o Braut, Heil Eidam dir, des erhabenen Schwagers!
Leto mög' euch verleihen, die Jugendernährerin Leto,
Reichliche Nachkunft; Kypris, die göttliche Kypris, der Liebe
Wechselgeschenk, und Zeus, der Kronid' Zeus, dauernden Reichtum,
Daß er von edlen Geschlechtern zu edlen Geschlechtern vererbe.“

Pindar preist im Brautkammerlied „des Festlieds jauchzenden bräutlichen Vollklang . . .“
Die Eheschließung galt dennoch kaum nur als „Herzensangelegenheit“ wie in späterer Zeit. Die Wahl der Braut wie des Bräutigams war Sache der beiderseitigen Eltern — sich ohne elterliche Zustimmung einen Gatten zu wählen galt als haltloses Wegwerfen „jungfräulicher Zucht und männergeziemender Ehesatzung“ (Pindar).
Homer feiert den Krieg um die schöne Helena in der Ilias; er singt auch das Hohelied der Gattenliebe und Frauentreue in der Odyssee. In zwanzigjährigem Verzicht muß Penelope ihre Treue bewähren. Als sie den langersehnten Gatten endlich wiedererkennt, „da erbeben ihr Herz und Knie, sie eilt mit Tränen zu ihm hin, wirft sich an seine Brust, küßt ihm das

Haupt und spricht so liebe und kluge Worte der Rechtfertigung, daß er in lautes Weinen ausbricht, das treue und kluge Weib in die Arme nimmt und sich lange nicht von ihr trennen kann". Schlicht zeichnet Homer die Szene des Sichwiederfindens: „Sie kamen darauf froh sich umarmend zum Bunde des alten Lagers, und als sie erfreut sich hatten an der leiblichen Liebe Genuß, erfreuten sie auch an Gesprächen sich, eines dem anderen vieles erzählend."

So blüht das „Sittlich-Sinnliche" (Goethe) ehelicher Erotik in den homerischen Gesängen.

Homoerotik

Die Emanzipierten von gestern ereiferten sich gern und voll Mitleid über die angebliche Entrechtung ihrer antiken Geschlechtsgenossinnen. Doch vielleicht wäre die Gattin eines griechischen Mannes kaum bereit gewesen, ihre soziale Stellung wie ihre Leibesschönheit mit jener dieser Frauenrechtlerin zu tauschen. Die hellenische Ehefrau war von einer anderen Seite stärker gefährdet: Sie hat die Hetäre mit Großmut und Selbstverleugnung neben sich geduldet, weil sie ihre Rechte und die Familie vor einer noch ernsteren Gefahr bewahren wollte: vor der Homoerotik und Homosexualität.

Dies ist das schwierigste aller erotischen Probleme der hellenischen Antike. Hier kann der zeitliche und kulturelle Abstand kaum noch überbrückt werden. Eine nur moralische Verurteilung wäre einfach, doch unzureichend. Die allgemeine antike Unbefangenheit allem Geschlechtlichen gegenüber ist sicher auch eine der Ursachen der Verbreitung der Päderastie. Die Gleichgeschlechtlichkeit ist zwar unbiologisch, nicht aber „unnatürlich". Wie die Natur alle Formen der Zeugung, Befruchtung und des Gebärens zeigt, kennt sie auch sexuelle Perversionen. Höhere Säugetiere, besonders in den Lebensbedingungen unserer Haustiere, zeigen auch perverse Entartung. Bei den Menschenaffen gibt es — in der Gefangenschaft — gleichgeschlechtliche Verirrungen. Da die Natur neben allem Normalen auch Spielarten des Abnormalen hervorgebracht hat, sind sie im Menschen als Naturwesen ebenfalls möglich. Wie den Griechen nichts Menschliches, so war ihnen auch nichts Natürliches fremd. So haben sie in der Erotik alle Tugenden und Laster, die in der Natur vorbereitet sind, ausgelebt.

Stärker als von der Natur aus scheint die Homoerotik aber durch die maskulin-bestimmte hellenische Kultur ermöglicht worden zu sein. Das Eherecht zeigt ein schroffes Patriarchat. Die Vorherrschaft des Mannes in der Familie war nur eine Abwandlung seines Vorranges im Staate. So wichtig die Familie als biologische Zelle der hellenischen Stämme und Völker gewesen sein mag — der Staat, die Polis, war die Geistes- und Willensgemeinschaft griechischer Krieger und Politiker. Männer gaben der Polis Verfassung und Gesetze, und Männer haben sie durchgesetzt. Die Polis war als Staat zugleich Kult- und Kulturgemeinschaft. Griechische Religion, Kunst und Wissenschaft waren wesentlich Männerwerk. Die Polis war der verwirklichte maskuline hellenische Geist, Staat gewordener Logos.

Weil Hellas keine Kirche kannte, gab es auch keine Mönche, Nonnen oder Heiligen. Das verkörperte Ideal war der Held, der Sieger im Agon der Leiber wie der Geister. Diese Einheit von Idealität und Männlichkeit mußte auch Erziehung und Bildung bestimmen. Die edlere Form erreicht die antike Homoerotik im „Pädagogischen Eros“. Die Freundschaft des Mannes zum Jüngling wurde eine Erziehungs- und Bildungsmacht ersten Ranges. Dem Manne begegnete im Jüngling die eigene Vergangenheit, und der Jüngling sah im Manne seine Zukunft. Diese erotische Bindung steigerte sich im Kriege zur Kameradschaft gegen den Feind, zur Freundschaft vor dem Tode.

Hier muß jedoch unterschieden werden zwischen Sexualität und Erotik. Der Mensch, „das sexuellste Tier“, ist, soweit er gesund bleibt, zur schieren Sexualität gar nicht fähig. Die heterosexuelle Liebe überschreitet beim Menschen sofort die bloße Sexualität, obgleich der Naturtrieb auf diese gerichtet ist. Auch die Homosexualität war in der hellenischen Kultur nicht nur auf die Geschlechtsfunktion gerichtet, sondern auf den ganzen Menschen, die Persönlichkeit des Partners. Darum ist die pervertierte Liebe im griechischen Leben eher mit Homoerotik als mit Homosexualität zu kennzeichnen.

Sappho

Mag der hohe Anteil der Homoerotik im maskulinen Charakter der Polis begründet sein, hinreichend geklärt ist sie dadurch noch nicht. Denn in der hellenischen Gesellschaft war auch die weibliche Homosexualität ziemlich verbreitet. Im Kulte der Aphrodite wie des Dionysos kam es zu gleichgeschlechtlichen Ausschweifungen der Frauen.

Eine äolische Insel, Lesbos, hat der weiblichen Homoerotik ihren Namen vererbt. Daß die lesbische Liebe nicht nur sexuell begründet war, zeigt auf hoher Stufe Sappho, Hellas geniale Lyrikerin, eine Dichterin der Weltliteratur. Zarte Liebeslyrik und fromme Leidenschaft hat sie in ihren Hymnen verewigt. Die Legende hat ihre homosexuelle Veranlagung überbetont, war sie doch auch verheiratet und Mutter einer Tochter, deren Bild ihre Verse überliefern: „Ein schönes Kind, den goldschimmernden Blüten ähnlich an Wohlgestalt, Kleis, die heißgeliebte . . .“

Was als „Sapphismus“ überliefert worden ist, stellt eine Vergröberung dar und beweist erneut, daß die feineren Schwingungen antiker Erotik kaum noch übertragbar sind. Auch die lesbische Homoerotik war oft „Pädagogischer Eros“. Sappho wurde die frauliche Mitte eines Kreises junger Mädchen, die sie zu musischer und persönlicher Bildung um sich vereinte. Ziel ihrer Schule war die Harmonie körperlicher, seelischer und geistiger Entfaltung.

Gedichte und Brautlieder an ihre Freundinnen sind vom Eros durchglüht. Der größte Dichter des äolischen Liedes, Alkaios aus Mytilene, bewunderte Kunst und Persönlichkeit der „veilchengelockten, hohen, sanft lächelnden Sappho". Liebeslust und Liebesleid hat sie in neun Büchern lyrischer Lieder, in Epigrammen und Elegien zur Kunst veredelt. Wir kennen nur Bruchstücke, einen Abglanz dessen, was lesbischer Eros einst gewesen war, gestaltet von einer Frau, die selbst Platon als die zehnte der Musen gefeiert hat. Moralisieren sollte verstummen vor diesem Genius fraulicher Lyrik:

„Komm hierher . . . zum weihevollen
Heiligtum! Da blüht ein Gehölz von leichten
Apfelbäumen, und auf Altären quellen
Wolken des Weihrauchs.

Kühle Wasser gehen gesangreich durch die
Apfelzweige, Rosen beschatten alle
Hänge, traumlos rieselt der Schlaf von ihren
Bebenden Blättern.

Überblüht von Blumen der Frühlingstage
Sinkt die Trift ins Feuchte hinab, den Pferden
Nahrung gebend. Leise veratmet seinen
Ruch das Aniskraut . . ."

Rechtfertigt solches Blühen lesbische Wurzeln? Wo dieses fehlt, mangelt es auch an gleichem Wuchs. Nur eine von zartester Erotik vibrierende Seele vermochte den Frühling mit diesem Liebesblick zu begrüßen.
Keine ihrer Gestalten wird von ihr in nackter Sexualität gezeigt; Schleier umhüllen das Intime, wie „gewebte Luft": Traumbilder aus der Ferne von 2600 Jahren.
Sappho lebte das Wort des Leonardo da Vinci: „Wo viel Gefühl ist, da ist viel Martyrium." Vor dem Abschied, im Schatten des Todes, blühen ihre Lieder.

Fragment des Gedichtes an eine heiratende Freundin:

„Denn ich wollte, ich wäre tot.
Heftig mußte sie weinen am Abschiedstag;

Und sie sagte zu mir das Wort:
‚Ach, wie Schlimmes wird uns zuteil,
Sappho, glaube mir, ungern verlaß ich dich!‘

Ich versetzte darauf: ‚Getrost
Zieh dahin und gedenke mein,
Denn du weißt ja, wie sehr wir dich lieb gehabt!

Doch wenn nicht: erinnere dich —
Du vergißt es ja allzuleicht —
Wieviel Frohes und Schönes zuteil uns ward.

Wie du Veilchen und Rosen hier
Oft zum Kranze gebunden hast,
Und dir zärtlich die Locken damit geschmückt;

Wieviel duftende Blumen auch
Du zu Ketten geflochten und
Dir als Schmuck um den lieblichen Hals gelegt

Und mit köstlichem Wohlgeruch,
Königsbalsam und Myrrhensaft,
Hast du oft deinen zierlichen Leib gesalbt.

Und auf flaumigen Pfühl dich hin-
streckend, hast du die Sehnsucht dir
In dem Kreise der Jungfrauen oft gestillt.

Und es gab keinen Tanz und kein Fest,
Auch kein heiteres Spiel am See-
strand, an dem wir nicht froh uns beteiligten:

Keinen Hain, wo im Frühlingsmond
Nicht zum klingenden Lautenspiel
Laut und freudig ertönte der Mädchen Gesang.“

In einer von Krieg und Männerwerten beherrschten Epoche besingt Sappho weibliche Ideale:

„Unschwer läßt eine Frau sich lenken,
Liebeswahn kann leicht ihren Sinn betören;
Jetzt wohl hat Anaktorias, der fernen, sie mich erinnert.

Mir geht mehr zu Herzen ihr Gang voll Anmut
Und der Schmelz im strahlenerhellten Antlitz,
Als der Lyder Wagen und das bewaffnet ringende Fußvolk."

Nur Bruchstücke ihrer Kunst sind uns überliefert, vollständig ihr Gebet an Aphrodite. Der Männer- wie der Frauenliebe hingegeben, verleugnet Sappho nicht das Mütterliche, wenn sie von Kleis, der geliebten Tochter, sagt: „Gegen sie vertauscht' ich nicht die ganzen lydischen Lande ..."
Liebe zur Schönheit und Schönheit der Liebe sind Inhalt ihrer Kunst. Sie sind auch das Glück und der Reichtum einer Kultur, wenn andere, männliche Werte sie beschirmen und begrenzen: „Das Schönste ist, was einer liebt!"
So hat Sappho gleichnishaft in sich vereint und zur Kunst veredelt, was griechisches Liebesleben in hetero- und homoerotischer Weise ausbildete. Wo indes auf diesem Freibrief das Siegel der Kunst fehlte, mußte Erotik zum Laster entarten und im Sumpfe enden.
Glück und Gefahr ihres Herzens, der hellenischen Seele, verrät ein fragmentarischer Gedichtanfang:

„Wieder treibt mich Eros umher, der gliederlösende,
das bitter-süße Wesen, vor dem ich hilflos bin ..."

Leidenschaftlicher noch als im Gebet an die „buntumschillert thronende Aphrodite" scheint Sappho dem Eros bis zur Selbstvernichtung preisgegeben im Fragment eines Hochzeitsliedes:

„Göttern gleich ist selig der Mann zu preisen,
Der dir gegenüber sich setzen darf und
Von der Nähe deine bezaubernd süßen Worte vernehmen,

Und dein Lachen, Locken und Lieben, das wahrlich
Mir das Herz im Busen so tief erschüttert;
Kaum erschaut mein Blick dich, erstickt die Stimme
Mir in der Kehle,

Meine Zunge ist wie gelähmt, ein feines
Feuer rieselt unter der Haut, es sehen
Nichts mehr meine Augen, ein Brausen schwillt mir
Schrill in den Ohren.

Schweiß bedeckt mich, fröstelnd erbeben alle
Glieder, ich bin fahler noch als ein Grashalm,
Wenig fehlt, so gleiche ich einer, die dem Tode verfallen.
. . . . .“

Perversion

Vom Gesetz der Schönheit begrenzt, war die lesbische Liebe die Spätlese einer überfeinerten Kultur des Eros. Durch die zweitrangige Rolle der Frau im öffentlichen Leben konnte diese nie jene gefährliche Macht erreichen, wie die mannmännliche Erotik. Unter süchtigen Hetären und Dirnen sank sie zum Laster ab. Hier fehlt jedes kulturelle und pädagogische Ziel in einer nur noch durch Perversionen zu befriedigenden Gier.

Man darf auch die Päderastie und Homoerotik nicht losgelöst vom damaligen Lebensgefühl beurteilen. Dennoch muß man sie in ihrer Gesamtwirkung zu jenen Ursachen zählen, die in einer Überzüchtung den Verfall der griechischen Kultur herbeigeführt haben, so schwierig es auch immer sein mag, hier Gesundes und Krankhaftes zu unterscheiden.

Vergleicht man den Einfluß der Homosexualität in Griechenland mit ihrer Rolle in den anderen indogermanischen Völkern, vor allem in ihrer Urheimat im Norden, dann darf man wohl annehmen, daß sie ursprünglich auch unter den einwandernden frühhellenischen Stämmen eine Ausnahme war. Die Vermutung, die Hellenen seien erst in der Berührung mit dem Orient der Homosexualität in größerem Umfang verfallen, dürfte nicht unberechtigt sein.

Wie tief dann in späteren Jahrhunderten die Päderastie — wenn auch öfter zur Homoerotik verfeinert — in diese Kultur eingedrungen ist, wird noch durch Platon betont. Im berühmten Symposion im Hause des Agathon läßt er Aristophanes eine Legende von der Entstehung des Eros vortragen: Ursprünglich habe es drei, nicht zwei Geschlechter gegeben: neben weiblichem und männlichem ein mann-weibliches Geschlecht. Wie alles hätte dieses dritte Geschlecht auch die Schamteile zwiefach besessen. In seiner verdoppelten Kraft versuchte dieses dritte Geschlecht die Götter. Da soll Zeus sich entschlossen haben, die Menschen in zwei Hälften zu teilen. Nach einigen mißglückten Versuchen, die zugrunde gingen, habe er bei den jeweiligen Hälften die Schamteile so versetzt, daß sie nur miteinander zeugen konnten, damit, wenn der Mann beim Weibe schlafe, das Geschlecht sich fortpflanze. Seit dieser Zeit sei Eros den Menschen eingeboren, damit er sie zur alten Natur zurückbringe, aus zweien wieder ein Wesen werde und die getrennte Natur sich wieder verbinde. Die Menschenhälften, die aus dem Mannweibe oder dem Weibmanne stammten, drängten jetzt zur Vereinigung von Mann und Weib. Bei jenen, die aus dem alten Geschlecht der ganzen Weiber halbiert wurden, drängte das Weib zum Weibe, und aus ihnen kämen die lesbischen Frauen. Die Hälften der ganzen Männer suchten nur wieder Männer. Schon als Knaben liebten sie es, bei Männern zu liegen. Wer sie schamlos nenne, der lüge. Nicht aus Schamlosigkeit täten sie dies: Ihre Männlichkeit suchte ihresgleichen, und reif geworden, seien sie also die besten Staatsbürger.
Platon hat diese Theorie der Geschlechterentstehung aus alten mythischen Vorstellungen entwickelt. Sie kehrt nach Jahrtausenden wieder, wenn Sigmund Freud behauptet: „Der Mensch ist polymorph pervers geboren“ oder Kinsey vom „demokratischen Pluralismus der Sexualität“ redet. Doch diese Theorie wird durch ihre Modernisierung nicht richtiger und wider-

spricht allen biologischen Tatbeständen von der Vererbung bis zur Entwicklungslehre. Wenn auch der Mann nur ein Überschuß des Männlichen über das Weibliche ist und das Weibliche ein Überwiegen des Weiblichen über das Männliche, es also keinen totalen Mann gibt und kein totales Weib, so sind doch in allen normalen Typen die Akzente eindeutig gesetzt. Der Zwitter ist eine Ausnahme und Anomalie wie die angeborene Homosexualität.

Die Griechen hatten ein sicheres Empfinden und ein klares Bewußtsein für diese Zusammenhänge. Wie alles hat dieses Musenvolk auch noch den Zwitter künstlerisch gestaltet: im Hermaphroditos. Es kann jedoch kein Zufall sein, daß sich die kulturelle Entartung gleichzeitig verschlimmert mit dem Vordringen der hermaphroditischen Typen in der bildenden Kunst. Überall die Natur bis zu den äußersten Grenzen der Kultur verfeinernd, suchten griechische Künstler männlicher und weiblicher Schönheit auch noch in einem mann-weiblichen Typus zu huldigen.

Doch hier hat die Kunst so deutlich widersprochen wie die Natur. Die hermaphroditischen Statuen sind nicht schöner, sondern paradox. Da wird dem künstlerischen Wollen ein Ende gesetzt wie dem Zwitter in der Natur. Der Hermaphroditos wirkt ästhetisch und biologisch dekadent. Die geschlechtliche Urentzweiung, die von der Natur in allen höheren Lebensformen fortentwickelt wurde und die in der Kultur zur Ursache fruchtbarer Polarität geworden ist, sie kann nicht ausgeglichen werden ohne Entartung in Natur und Kultur. Wenn der menschliche Embryo in den ersten Lebenswochen noch sexuell unentschieden erscheint, so hat er doch seit der Zellteilung die männliche oder weibliche Richtung in sich, und je höher er sich entwickelt, desto klarer formt sich der Geschlechtscharakter. Wird diese Höherformung zurückgebildet: biologisch zum Zwitter, künstlerisch zum Hermaphroditos, erotisch zur Homosexualität — dann bricht die Bahn des Lebens ab: in der Natur durch Unfruchtbarkeit, in der Kunst als Zersetzung des Schönheitsideals, in der Ethik zur Entwertung der Werte.

Namhafte Gräzisten bestreiten, daß die Homosexualität bereits in der homerischen Zeit eine größere Rolle gespielt hätte. Andere versuchen, alle bereits im Mythos und in der Sagenwelt auftauchenden mann-männlichen Beziehungen homosexuell oder zumindest homoerotisch zu deuten. Hans Bühler zum Beispiel scheint nie begriffen zu haben, daß es auch Liebesformen gibt, die sich, unabhängig von sexuellen Wurzeln, als seelische Akte frei entfalten: Vaterlandsliebe, Heimatliebe, Liebe zwischen Eltern und Kindern, Geschwisterliebe, Liebe zur Musik. Wer jede Form der Männerfreundschaft und Soldatenkameradschaft nach Freudschen Dogmen auf Sexualität zurückführt, weitet diesen Begriff derart aus, daß er den konkreten Inhalt verliert. Jeder, der wirkliche Freundschaft und Kameradschaft in Not und Krieg erlebt hat, weiß, daß diese Sphäre, wo immer sie sauber bleibt, sexuell tabu ist. Wo sich da sexuelle Einflüsse vordrängen, werden Freundschaft und Kameradschaft korrumpiert.
Als man in der Renaissance mit der antiken Kultur auch die antiken Laster wiederentdeckte, nannte man Homoerotik die „Sünde der Philosophen". Damit war wohl gemeint, Homoerotik setze eine hohe Geisteskultur voraus. Es kann auch kaum bestritten werden, daß gewisse überfeinerte Früchte der antiken Kunst und Philosophie ohne das Stimulans der Homoerotik nie gereift wären. Welcher Preis aber mußte bezahlt werden für diese Edelfäule der Spätkultur! Solch ungesunde Früchte stammen aus einer Erkrankung der Wurzeln; diese Überfeinerung ging zu Lasten der hellenischen Familie. Sie hat das Griechenvolk in den biologischen Zellen vergiftet, und mit dem naturhaften Fundament zerbrach dann auch das Bauwunder dieser Kultur.

Päderastie

Verhängnisvoller als die Homoerotik mußte sich auf die Dauer die Päderastie auswirken. Wenn Männer Knaben verführen, überträgt sich die Seuche von Generation zu Generation und pflanzt sich wie eine Erbkrankheit fort. Der Päderast von heute war der Lustknabe von gestern und der Lustknabe von heute wurde der Päderast von morgen. Hier werden die Grenzen zwischen dem kulturell Duldbaren und dem biologisch Verderblichen sichtbar.

Über die zeitliche Entstehung der griechischen Homosexualität fehlen exakte Forschungen. Wenn in der Gegenwart versucht wird, jede Freundschaft sexuell zu erklären, und hier einer schwülen Phantasie keine Schranken gesetzt werden, so ist sicher auch manche echte Freundschaft und Kameradschaft der mythischen Zeit nachträglich gedeutet worden, wie es diesem jeweiligen Zeitgeist entsprochen hat. Auch die Freundschaft zwischen Achill und Patroklos, wie Homer sie schildert, erscheint dann nur homosexuell, weil Achill, von Agamemnon schwer gekränkt, sich dem Kampfe versagt, um sich im Zelte mit Patroklos zu „trösten". Gewiß kann man die Art, in der Äschylos in den „Myrmidonen" dieses Geschehen darstellt, sexuell verstehen, doch zwischen Homer und Äschylos liegen mehr als drei Jahrhunderte wachsender homosexueller Einflüsse.

Der mythische König von Theben, Laios, gilt auch dem Euripides als der erste, welcher der Knabenliebe gefrönt habe, nicht ohne starke innere Widerstände, die ihn zu der Klage veranlaßten, daß man zwar das Richtige erkenne, doch das Falsche tue. Ob ihm darum der Fluch des Vaters des Knaben gegolten hat, ist umstritten. Er mußte schließlich durch Ödipus, den eigenen Sohn, umkommen.

Die spätere Entwicklung wird eindeutig und erreicht mit Platons Philosophie des Eros den Gipfel. Der Denker der Ideenleere hat den Erkenntnisvorgang umgedreht von der Einzelerfahrung auf eine „Wiedererinnerung" an präexistente Ideen. Unter dem Einfluß von Orphik und Pythagoras hat er das forschende Denken durch Ideen-„Schau" ersetzt. Der gleiche Platon hat die mann-männliche Liebe als die höhere gegenüber der mann-weiblichen gepriesen. Damit hat er die Verkehrung, die Pervertierung sexualphilosophisch begründet.

In „Phaidros", dem Buch der Ideenlehre, erscheint Sokrates als der den Logos und die Knaben liebende Päderast. Am

Ilyssos, am silbern fließenden Bache, lagen Greis und Knabe im Grase, der Ideenschau wie der Perversität hingegeben. Von einem senilen Zug sind diese frauenmüden Männer gezeichnet. Denaturierter Sexus und Religion verbanden sich dann zur Tempelpäderastie.

Das endgültige Urteil über die antike Homosexualität wird durch den Kausalzusammenhang zwischen der Ausbreitung der pervertierten Libido und dem Absinken der Geburtenziffer gefällt — besonders in der hellenischen Adelsschicht. Einst hatten die Hellenen durch ihre Herrschaft über die pelasgische Urbevölkerung die biologischen Vorbedingungen der griechischen Kultur geschaffen. Schon zu Plutarchs Zeiten aber waren kaum noch 3000 Hopliten, einst die Elite des griechischen Heeres, aufzutreiben. Dion Chrysostomos, der stoische Denker und Rhetor, konnte im ersten nachchristlichen Jahrhundert den Typus des echten Hellenen kaum noch antreffen: „Strömt nicht der Peneios durch ein einsames Thessalien und der Ladon durch ein verwüstetes Arkadien . . .?“ Vom „hundertstädtigen Lakedämon“, dem starken Sparta, waren nur noch 30 Dörfer übriggeblieben.

Die griechische Kultur hätte sich doch kaum in ihrer historischen Form entfalten können ohne die Vorherrschaft des Männlichen in Staat und Gesellschaft. Auf der Schattenseite des Patriarchats aber hat sich die Homoerotik weit über das erträgliche Maß ausgebreitet und biologisch mehr geschadet als kulturell geholfen.

In einem dichterisch großartigen Gleichnis hat Platon in der Schilderung des Todes des Sokrates den Vorrang des Paternalen veranschaulicht. In seiner letzten Stunde schickt Sokrates Gattin und Kinder fort für immer, um allein in Gesellschaft befreundeter Männer im philosophischen Dialog den Tod zu erwarten.

Hier lag ein Schwerpunkt der Kultur Hellas'. Fast immer sind die bekannten antiken Päderasten oder Homoerotiker jedoch zugleich Ehemänner und Frauen- und Hetärenverehrer. Es handelt sich also kaum um eine angeborene, erbbedingte Homosexualität, sondern um eine naturwidrig entwickelte Pseudo-Homosexualität.

*

Die griechische Kunst gestaltete die schönsten weiblichen Menschen, und dennoch hatte die Schönheit des Männlichen den Vorrang. Diese Wertung taucht bei den großen Entdeckern der antiken Welt, Goethe, Winckelmann und Humboldt, wieder auf. Auch sie glauben an die edlere Schönheit des männlichen Leibes. Nie wurde die weibliche Schönheit verherrlicht wie die männliche im Apollon von Belvedere. Wäre er ohne homoerotische Begeisterung je gestaltet worden?

Knaben, die ihre Leiber in den Gymnasien und Palaistren zur Einheit von Kraft und Schönheit ausbilden konnten, verkörperten reifende Jugend und männliches Formgesetz. Daran entflammte sich der hellenische Kult des Schönen. Stets aber wurde der Schönheit und dem Eros gleichzeitig gehuldigt. Der altadelige Athener Xenophon hat uns ein solches Erlebnis überliefert. Autolykos, der Sohn des Lykon, entfachte im nüchternen Mann die Leidenschaft: „Wie wenn ein Licht in der Nacht aufleuchtet und aller Augen auf sich zieht, so lenkte auch die liebste Schönheit des Autolykos alle Blicke auf sich. Und niemand, der ihn sah, ging ohne Wunde im Herzen davon ..."

Auch die spätere abendländische Geschichte kennt homoerotische Männer, denen die Kultur so vieles verdankt, daß wir darüber die Abwege ihrer Natur vergessen möchten. Genialität hat das Vorrecht der Ausnahme — auch in diesem Punkte. Darf man dem Genievolk der Griechen dieses Privileg bestreiten?

Wo die Pervertierung jedoch die breiten Schichten des Volkes verseucht, gibt es keine Rettung mehr. Das Stimulans der Kultur wird zum Gift der Natur. Mit seiner biologischen Basis zerfällt der Tempel der Kultur. Die gleiche Ausbreitung der Homosexualität in der heutigen Gesellschaft müßte zu gleichen Folgen treiben. Das sollte jeder bedenken, der melancholisch vor den Ruinen des hellenischen Lebens steht. Diese Sorge wird nicht erleichtert durch Schillers idealische Elegie:

„Damals war nichts heilig als das Schöne,
Keiner Freude schämte sich der Gott,
Wo die keusch errötende Kamöne,
Wo die Grazie gebot."

Da das Abnorme auch historisch stärker auffällt als das Gesunde, wurde der Umfang der Homosexualität in der griechischen Antike sicher übertrieben. Gesetzgeber und Ethiker hatten sie nicht gefördert, bestenfalls geduldet. Die Knabenliebe begann mit dem „Pädagogischen Eros" und ist erst später in diesem verhängnisvollen Grade sexuell entartet. Bei Lykurg galt es noch als verbrecherisch und unehrenhaft, wenn der männliche Liebhaber die geistige Freundschaft sexuell mißbrauchte.

Eine schroffe Verneinung der Libido war in Griechenland auch dort nicht möglich, wo sie zum Laster degenerierte. Zur Päderastie entartete der Pädagogische Eros auch durch eine typisch griechische Vorstellung, die wiederholt bezeugt ist. Der erzieherische Einfluß der Männlichkeit auf den Jugendlichen werde durch die körperliche Vereinigung übertragen. Mit dem männlichen Samen sollten auch die geistigen und charakterlichen Fähigkeiten des erwachsenen Freundes auf den Knaben und Jüngling übergehen. Wieweit durch das Sperma vermännlichende Hormone übertragbar sein könnten, wäre medizinisch zu beantworten. Solche Vorstellungen beweisen wieder, daß wir mit unserem modernen Lebensgefühl die griechische Homoerotik kaum noch in ihren tieferen Bezügen begreifen können.

Schließlich wäre die Verbreitung der Päderastie auch daraus zu erklären, daß die Erotik der Antike an sich kraftvoller und üppiger war als jene im christlichen Abendland. Dabei sind auch zwei Faktoren zu berücksichtigen, die unser Leben vom hellenischen erheblich unterscheiden: Umwelt, Klima, Landschaft und das Verhältnis zur Arbeit.

Unsere Zivilisation der atemlosen Arbeitshast kann sich das

Lebensgefühl einer Kultur kaum noch vorstellen, aus dem heraus zum Beispiel ein Gesetzgeber wie Lykurg dem vollwertigen Bürger, jedem echten Spartiaten, das Arbeiten verboten hat. Arbeit war Helotensache, und auch im übrigen Griechenland war sie Aufgabe der Unfreien und Sklaven. Leibesübungen, Jagd, Krieg, Wehrertüchtigung verhinderten Verweichlichung. Die leibliche Kraft wurde nicht durch Industrie und Technik geschwächt, sondern im friedlichen und kriegerischen Agon zur höchsten Leistung entwickelt. Wenn dann die kriegerische Spannung nachließ, konnte sich die unerschöpfte Kraft frei entladen in Werken der Kultur und in einer aristokratischen Kunst, zu leben und zu lieben. In unserem technischen Zeitalter ist die amerikanisierte Arbeitshast zum Widersacher kultivierter Erotik geworden. Griechische Lebenskraft konnte aus der Fülle überströmen und sich an Eros und Schönheit verschwenden.

Und Griechenlands Sonne und Landschaft! Wären Achaier und Dorer in der nordischen Urheimat geblieben, sie hätten kaum Sinnenfreuden und Leibesschönheit derart in Göttern verherrlicht. Das attische Stammland war von Meeren umspült und umspielt, den schönsten der Erde. Eine Harmonie von Bergen und Tälern, Niederungen und Flußlandschaften schuf jenes Naturparadies, das allein die Heimat dieser Kultur werden konnte. Auch das Klima hält das aristotelische Maß zwischen den Extremen, und über allem strahlt der attischblaue Himmel, leuchtet die Sonne eines Landes, das Helios geweiht war. Winde und Lüfte und Düfte, wie sie im Norden nur an seltenen Frühlingstagen die Gemüter lösen, waren dort der Segen des Jahres. Diese Natur hat den griechischen Schönheitswillen verstärkt, nur ein Hellene konnte sie wie ein Liebender umfangen. Was Schiller aus der unstillbaren Sehnsucht des Nordens nach Sonne und Süden an Sizilien preist, hätte er für Griechenland singen können:

„Wohl! Wir bewohnen ein glückliches Land,
Das die himmelumwandelnde Sonne
Ansieht mit immer freundlicher Helle.“

Hellas konnte leben, was Hölderlin nur träumen durfte:

„Ein zauberisch Beispiel wurdest du, lebendige Natur, den
Griechen, und entzündet von der ewigjungen Götter
Glück war alles Menschentum, wie einst ein Fest; und zu
Taten geleitete, schöner als Kriegsmusik, die jungen
Helden Helios' Licht."

Glück und Segen dieser Landschaft waren dem Hellenen nicht „Urlaub" oder „Erholung", nicht Flucht vor der Arbeitshast, sondern farben- und lichterfüllter Alltag. „Otium und bellum" der Antike, die Nietzsche unserer industriellen Unkultur entgegengehalten hatte — in Sparta waren sie Lebensform geworden. Die Zeit, welche vom Kriege frei war, verbrachten die Spartiaten in Festlichkeiten, Jagd, Leibesübungen, Tänzen — und im Gespräch.
Heute haben noch einige Urkulturen, die auch bereits von der Zivilisation überfremdet werden, jene Zeit für Fest und Feier, die dem modernen Maschinensklaven legendär erscheint. Der sich wie eine Seuche ausbreitende Arbeitsstil des Amerikanismus wird ein gefährlicherer Feind der Sinnenfreuden als religiöse oder asketische Erosverneinung. Nur aus vitalem Kraftüberschuß blüht Erotik. Zuviel Kraft wird bei uns als Arbeitsenergie verbraucht. Die durch Rationalisierung neu ermöglichte längere Freizeit bringt viele eher in Verlegenheit, statt sie für edlere Lebensfreuden zu öffnen. Wie ein ferner Traum erscheint es technisierten Menschen, wenn ihnen Burckhardt berichtet: „Der Spartiate genoß dann sein Leben lang in der Tat jede Fülle von Muße, d. h. Nicht-Arbeit, welche ein so teueres Ideal auch aller übrigen Hellenen war."

Kreuz und Phallos

Nur in dieser Landschaft, in solcher Muße und einer Kultur der Nacktheit konnte jene Pracht der Leiber gedeihen, die hellenische Künstler verewigt haben. Diese zur Schönheit veredelte Frauen- und Männerkraft hatte ein Naturrecht auch

auf eine reichere Art von Erotik. Hier versagen unsere Maßstäbe für Tugend und Laster.
Da scheiden sich zwei Kulturen, eine, die Eros und Aphrodite göttlich verehrte und eine andere, die in der „Fleischeslust" die Verführung zur „Sünde" fürchtet. So fern ist uns die griechische Sinnenfreude, daß wir sie nur noch mit unserem späten Neonlicht des Ratio verstehen oder mißverstehen. Ein wesentlicher Unterschied zur modernen „Geschlechtslust" liegt aber gerade darin, daß die antike Erotik nicht individuell reflektiert wurde. Der einzelne erlebte nicht nur ichhafte Wollustgefühle, sondern die Götter, Eros und Aphrodite, offenbarten sich seinen Sinnen. Vielleicht läßt sich das am Gegenbild verdeutlichen: Wie sich der mittelalterliche Mensch in der „Fleischeslust" vor dem Satan ängstigte, so fühlte sich der Grieche in sinnlicher Lust in der Macht der Götter.
Noch Platon — in seiner relativ späten Eros-Philosophie — läßt Phaidros sagen: „Göttlicher nämlich ist der Liebende als der Geliebte; der Gott ist ja in ihm ..." Ähnlich hatte einst Sappho den Eros erlebt, das „bitter-süße Tier". Und nicht nur die Menschen, auch die Götter hat Eros beglückt und bedrängt. Überall im Olymp und auf Erden wirkt seine dämonische Kraft. Ibykos (6. Jahrhundert) bekennt: „Ich zittere vor ihm, da er naht ..." Die griechische „Mania", die wir nur schwach mit „Leidenschaft" übersetzen — Passion aus Glück und Schauder —, das war „Erotik". Sappho hat sie vor mehr als zweieinhalb Jahrtausenden besungen:

„Wie ein Sturm im Gebirg' auf die Eichen sich wirft mit Macht,
So erschüttert mein Herz Eros' Allgewalt."

Und Generationen später dichtet Sophokles von der überwältigenden Macht des Eros:

„Allsiegender Eros,
Du wähltest als Hinterhalt
Zum Sprung auf gesicherte Beute

Die rosigen Wangen der Jungfrau.
Du schreitest über das Meer
Und über die ländliche Flur.
Niemand kann dir entfliehen,
Weder ein ewiger Gott
Noch ein sterblicher Mensch.
Dich empfinden ist Rasen ..."

Sophokles wiederholt, was im frühen Mythos angelegt war. Eros war dem Hesiod „der Schönste von allen Unsterblichen", doch auch „Gebieter über Sinn und Gemüt aller Götter und Menschen".

Nach Jahrtausenden der Entmythologisierung und Entzauberung wird zwar Schopenhauer die Allgewalt des Geschlechtlichen wieder bewußt: „Wenn man mich frägt, wo denn die intimste Erkenntnis jenes inneren Wesens der Welt, jenes Dinges an sich, das ich den Willen zum Leben genannt habe, zu erlangen sei oder es die reinste Offenbarung seiner selbst erlangt? — so muß ich hinweisen auf die Wollust im Akt der Kopulation. Das ist es!" Was aber dem Hellenen Offenbarung göttlich-dämonischer Seinskraft war, wird bei Schopenhauer pessimistisch mißdeutet, als vergifteter Urquell des Lebens. Damit ist es an der Wurzel verdorben, um die „Unschuld der Sinne" gebracht.

In der hellenistischen und spätrömischen Entartung und Umdichtung lebt dann nicht mehr der Eros antiker Frömmigkeit. Aus naiver Sinnenfreude wird sexuelles Raffinement, aus religiösem Schauer das „Liebesabenteuer". Schon bei Lukian ist die alte Unbefangenheit zerstört. Der Mensch reflektiert über Eros und Sexus:

„Nimmer ist Eros der Frevler am Menschengeschlechte;
die wilden Triebe des Menschengeschlechtes stecken
sich hinter den Gott."

Der Allgewaltige degeneriert schließlich zum Göttlein, zum Erosknaben, zu Amor und Cupido. Vorbei ist die mythische

Einheit von Sinnenfreude und Frömmigkeit, mit der einst Mimnermos seiner Göttin huldigte:
„Was ist Leben und was ist Lust ohne die goldene Aphrodite? Möcht' ich nur sterben, sobald nimmer mich dieses erfreut, heimlicher Liebe Genuß und die süßen Gaben der Lagergenossin ... "

Je mehr sich die Grenzen zwischen Liebe und Laster verwischen, desto öfter erscheint die pessimistische Verneinung, die erosfeindliche Askese. Noch im fünften nachchristlichen Jahrhundert betet Proklos, der neuplatonische Philosoph, zu Aphrodite. Wie aber ist nun das Lebensgefühl umgestimmt:
„Ziehe die Seele empor aus dem Schmutz zu reinerer Schönheit,
daß sie entfliehe dem Reiz, dem verderblichen, irdischer Wollust!"

„Platonische Liebe" und zügellose Sexualität leben unvereinbar nebeneinander, die hellenische Einheit des Leibes geht verloren, gespalten wird die Symbiose sinnlicher und geistiger Liebe im Dienste des Eros. Von der keuschen Sinnenfreude früher Zeit hat sich Apulejus (2. Jahrh. n. Chr.) entfernt, wenn er auch noch in seinem Roman mythische Bilder nachgestaltet. Aphrodite wird zur Venus verwandelt:

„. . . kein Gewand verbarg neidisch die untadelige Schönheit ihres Leibes, sie ging nackend einher, nur ein durchsichtiger, seidener Schleier beschattete ihre Blöße. Bald erhoben buhlerische Winde den leichten Flor, und die Blume der Jugend prangte unverhüllt; bald drückte der brünstige Hauch des Windes den Schleier fest an den Körper an, und unter der luftigen Hülle hob sich jeglicher wollüstiger Umriß sichtbar ab ..."

Das ist die Wandlung vom Mythos zum „Roman", von der frommen Sinnenfreude zum Luxus der Sexualität, wenn auch hier noch in kostbare Prosa gehüllt.

*

Die verwirrende Fülle der Formen und Motive griechischer Erotik widerspiegelt die Vielfalt der Einflüsse, die auf diese Kultur eingedrungen sind, bald befruchtend und entzündend, oft auch überfremdend, ursprüngliches Wesen verfälschend. Dieses Nebeneinander von keuscher Sinnenkraft und zügelloser Ausschweifung, strenger ehelicher Zucht und frivolen Hetären und Päderasten kann nicht Ausdruck eines einzigen und gleichen Volkscharakters sein. Ein Blick auf die einzelnen Typen der Bilder und Plastiken zeigt unverkennbar, wie sich mit dem dargestellten Inhalt auch die Menschentypen unterscheiden. Hier kann dieser Zusammenhang nur angedeutet werden. Wie es für die Helden- und Götterstatuen Vorbilder unter hellenischen Menschen gegeben hat, so werden neben diesen auch die Modelle des Pan, des Satyr und des Silen gelebt haben. Die Unterschiede in der Erotik sind dann kaum größer als die Gegensätze der Typen. Die leibliche Erscheinung des Apoll ist genauso Gestalt gewordene Gesittung, wie die rundlichen, feisten, überschwellenden Figuren der Satyre und Silene zügellose Geilheit verkörpern. Das ist der gleiche Gegensatz wie zwischen dem Gebet der Sappho an Aphrodite und den Orgien der Tempelprostitution. Dieselbe Gottheit konnte, wie Artemis, Jungfräulichkeit symbolisieren und beschützen und in anderen Zeiten und Zonen als Magna Mater Mittelpunkt kultischen Orgiasmus sein. Der Ursprung dieser „Religion“ wird deutlich, wenn sich in Persien eine ausgewählte Hetäre als Vertreterin der Liebesgöttin Anaitis öffentlich auf üppigem Pfuhl mit einem Sklaven begattet. Der „heilige“ Koitus vor den Augen der ekstatisch erregten Zuschauer entfesselte eine Massenpaarung. Wie weit diese zügellose Sexualität in Griechenland vorgedrungen war, zeigt Korinth, wo sich zu Zeiten bis über tausend Hierodulen, Tempelsklavinnen, dem orientalischen Kult des Sexus „opferten“; nicht ohne für diese Dienste an der Aphrodite-Kypris Zinsen einzuheimsen. Auch der Dionysoskult schillert in allen Farben, von echter Liebesfrömmigkeit bis zum rasenden Laster, und fast immer waren es ekstatische Weiber, das Gegenbild der hellenischen Gattin, die solchem „Gottesdienst“ frönten.

Wie mit dem Verfall der Herrschaftsformen auch die Erotik zum

Sexualismus entarten mußte, zeigt ein Bericht des Klearchos über Dionysos den Jüngeren, den Tyrannen von Syrakus: „Als Dionysos in seine Mutterstadt Lokris gekommen war, ließ er das größte Haus der Stadt mit Feldthymian und Rosen füllen, dann ließ er nach und nach die lokrischen Mädchen kommen, zog sie und sich nackt aus und wälzte sich mit ihnen auf dem Bette herum, wobei er nichts vergaß, was nur an Unzüchtigkeiten ausgedacht werden kann ..."

*

Die hemmungslosen Kulte, ein Hohn auf das griechische Lebensgesetz des Maßes, wurden „religiös" gesteigerte Formen allgemeiner Laster. Die Phallos-Riten sind darin keine Ausnahme. Der Phallos-Kult, der sich trotz fremden Ursprungs mit hellenischer Gesittung versöhnen ließ, war später oft nur religiöser Vorwand für sexuelle Ausschweifung, den ursprünglichen Sinn verfehlend: „Der Vorgang der Zeugung ist göttlich, und dies ist im sterblichen Wesen das Unsterbliche: Befruchtung und Geburt." (Platon, Symposion) In diesem Sinne war der Phallos (nicht die Vulva) heilig! Überall an den Hermen und ithyphallischen Säulen erschien der erigierte Phallos als Symbol der Zeugungskraft.

Doch die Grenze zwischen Heiligem und Laster, Frommem und Obszönem wurde verwischt. Was die Phallos-Prozessionen des Melampos, von denen Herodot berichtet, eigentlich bedeuten, wird erkennbar aus den obszönen Liedern, die dabei gesungen wurden. Aus den Prozessionen von Phallos-Trägern ging der Chor der Komödie hervor. Schauspieler trugen oft riesige künstliche Phalli in einer Verbindung von Dionysos- und Phallos-Kult. In Lesbos verehrte man einen Dionysos-Phallos, und auf Rhodos wurden zügellose Phallophorien gefeiert. Daß künstliche Phalli dann nicht nur kultischen Zwecken dienten, sondern auch zur Onanie verwendet wurden, erwähnt Aristophanes.

Wieweit der Phallos-Kult orientalisch beeinflußt oder sogar verursacht war, zeigt der Kult des kleinasiatischen Fruchtbarkeitsgottes Priapos. Die ältere griechische Mythologie kennt ihn noch nicht. Er ist die zur „Gottheit" gesteigerte Sexualität. Mit erigiertem, übermäßig großem Phallos wurde Priapos dargestellt. Auch vermischt sich der Kult des Priapos mit dem des Dionysos, beide religiöse Symbole des wuchernden Pan-Sexualismus, Priapos wird dann sogar zum Allgott erhoben, als der „Pantheus". Eine plastische Darstellung des ursprünglich asiatischen Priapos im Symbol eines gewaltigen Phallos trägt die alles verratende Aufschrift: „Soter Kosmoy", „Heiland der Welt". Welcher Welt?

Schubart hoffte, man könnte einst Kreuz und Phallos als verwandte Symbole empfinden. Er hat damit die Entrüstung der Theologen herausgefordert — und nicht zu Unrecht. Denn die orientalisierten sexuellen Kulte wie die erotische Frömmigkeit der Griechen sind mit abendländischer Theologie unvereinbar.

Hellas und Europa

In Dantes Göttlicher Komödie und menschlicher Tragödie begegnen uns Homer und Sappho, Achill und Apoll, Herakles und Theseus, Solon und Lykurg, Perikles und Aspasia, Zeus und Hera nur noch in der „Stadt der Schmerzen", verurteilt zu ewiger Qual. So groß ist der Gegensatz zwischen der hellenischen und der christlichen Rangordnung der Werte.

Nietzsche sah es als einen Beweis von Menschenhaß an, daß Eros und Aphrodite, „große idealfähige Mächte", durch das Christentum in „höllische Kobolde und Truggeister" verwandelt worden wären. Doch seine Behauptung, das Christentum habe „dem Eros Gift zu trinken" gegeben und dadurch sei er zum Laster entartet, bedarf einer Einschränkung. Schon Jahrhunderte vor dem Auftreten der ersten Christen hat sich die griechische Erotik gespalten in Laster und Askese. Lange vor Paulus haben orphische Sektierer und pythagoreische Mystagogen die Abkehr von irdischer Lust und die Hinwendung zu jenseitiger Erlösung gepredigt. Diesen inneren Bruch hat das griechische Leben und Lieben nie mehr überwunden.

*

So erscheint die hellenische Religionsgeschichte als die übermenschliche Spiegelung irdischer Erotik. Wie die Vergöttlichung des Geschlechtslebens von Anbeginn mit dem fremden Ursprung auch fremde Formen und Werte übernommen hat, so konnte die Erotik die artechten Züge der homerischen Zeit nicht unverfälscht erhalten. Aphrodite, Eros und Dionysos sind aus der Fremde gekommen. Hellas hat sie sich anverwandelt, doch tiefreichend haben sie auch griechisches Leben orientalisiert.

Mit ihrem erotischen Wesensgefüge symbolisiert die griechische Religion auch ihre „Menschlichkeit". Der indogermanische Zeus ist der ins Übermenschliche gesteigerte griechische Mann, König, Vater, Gatte, Liebhaber. Mit welcher Freiheit der Hellene vor dem obersten seiner Götter stand, zeigt das Gebet der Hekabe:

„O du, der Erden Stütze, der auf Erden thront,
Zeus, wer du seist auch, Hoher, Unerforschlicher,
Ob Geist des Menschen, ob Naturnotwendigkeit ..." (Äschylos)

Protagoras erhebt den Menschen zum Maß aller Dinge und — wie wir heute ergänzen dürfen — auch zum Maß der Götter. Ähnliches bezeugt Sophokles in dem berühmten und stolzen Worte:

„Vieles Gewalt'ge lebt, und nichts
ist gewaltiger als der Mensch ..."

Die griechischen Götter verlieren nichts von ihrer Göttlichkeit, wenn sie lieben und hassen und auch das Menschlichste kennen und können: das Lachen. Freier vermag der Mensch nicht zum Übermenschlichen zu stehen als der unsterbliche Spötter Aristophanes, der es vereinbaren kann, die Götter, an die er glaubt, mit Scherz und Spott zu verulken.

Erotik und Religion stehen in unlösbarer Wechselwirkung. Diesen Liebesbund des Göttlichen mit dem Menschlichen, des Himmels und der Erde hat Äschylos großartig geschaut, wenn er Aphrodite verkünden läßt:

„Der hehre Himmel will der Erde liebend nah'n,
Und Sehnen faßt die Erde nach der Hochzeit Bund.
Da träuft in reichem Strome nieder Himmelsnaß

Michelangelo: Adam und Eva in sündenfreiem Leben

Zur „Erbsünde“ verflucht

Die Erde schwängernd. Sie gebiert dem Menschenvolk
Der Lämmer Weide und Demeters nährend Brot,
Die Frucht der Bäume hat vom Maß der Hochzeitslust
Der Reife Prangen. Und in all dem wirke ich!"

Unvorstellbar wäre es dem Griechen, diese Göttin der Liebe nicht zugleich als vergöttlichte Schönheit zu verehren. Die Schönheit aber erschien ihm nie nur als ästhetisches Prinzip, sondern als Vollendung in der Harmonie der Kräfte. Harmonie setzt Maß voraus, und bis zu Aristoteles ist das rechte Maß, die goldene Mitte zwischen dem Unmaß des Zuviel und Zuwenig, das Grundprinzip der Ethik. Wo das Maß durchbrochen wird, da wird Widergriechisches sichtbar, da taucht auch das Häßliche auf in der Plastik und im religiösen Sexualismus. Nun überflutet das Sexuelle das Sittliche, und Hetärismus und Päderastie vergiften die biologischen Wurzeln der Kultur.

*

Keinen größeren Verlust hat die Menschheit erlitten als den Untergang der hellenischen Kultur. Soweit man die Ursachen einer solchen Katastrophe überhaupt rational ergründen kann, wird beweisbar, daß diese Kultur geblüht hat, solange sie von der gebändigten Kraft einer gesunden Erotik getragen wurde, und verwelken und versiegen mußte, als Eros zu Sexus entartete.

Was Hellas aber an Schönheit und Erotik verschwenderisch geboten hat, wer möchte es missen, auch um den Preis eines solchen Unterganges? Daß eine solche Kultur nur von einem kulturfähigen Menschentum gestaltet werden konnte, also mit dem Verschwinden dieser Menschenart auch ihre Kultur versiegte, dies ist wohl kaum zu bestreiten. Dennoch sind im Wachstum und Vergehen einer Kultur auch Ursachen wirksam, die wir nicht kennen.

Von entscheidendem Einfluß war sicher die Tatsache, daß leere Wiegen nicht jene Lücken füllen konnten, die oft wahnwitzge Kriege in die hellenische Adelsschicht gerissen hatten. Dennoch läßt sich damit nicht genügend begründen, warum zum Beispiel eine der größten Leistungen hellenischen Geistes, die Kunst der Tragödie, mit Äschylos, Sophokles und Euripides beginnt — und dann für immer endet.

Euripides deutet die seelische Krise der attischen Kultur an: Unter der Übergewalt des Eros zerbricht das Ethos des Maßes, und das innere Gleichgewicht geht für immer verloren. Eine Barbarin, die Medea, läßt Euripides gestehen: „Ich merke wohl, welch' Übel ich begehen will, doch meine Erregung ist stärker als meine Überlegungen. Die aber [„die Leidenschaft"] ist den Menschen Ursache für die größten Übel." Um sich an Jason zu rächen, der ihr eine ebenbürtige Gattin aus seiner Heimat vorziehen will, ermordet Medea diese Frau und die eigenen Kinder. Noch eine Gestalt erscheint in einer Tragödie des Euripides als Sinnbild jenes Urkonfliktes zwischen Eros und Ethos. Phaidra wird von der „Mania" — dem Liebeswahn — geschlagen, und von Eros hemmungslos getrieben, reißt sie Hyppolytos und sich selbst in die Katastrophe. Da Hyppolytos ihrer rasenden Leidenschaft spottet, erhängt sie sich; der Jüngling aber wird unter den Trümmern seines Wagens zu Tode geschleift. Auch Phaidra gesteht: „Das Gute wissen wir, aber wir tun es nicht, da die Leidenschaft uns packt . . ."

*

So hat der Grieche das Urgesetz seiner Kultur, das des Maßes und damit der Ordnung, der Harmonie, also der Schönheit, selbst gesprengt. Als Gott unter Göttern, unter der Gewalt des Zeus, war Eros der ewigschöne Kraftspender; vorherrschend konnte er den Olymp zerstören. Als Wert unter Werten hat die Erotik die griechische Kultur unendlich befruchtet — Libido als oberster Wert mußte das hellenische Ethos zerbrechen. Die höchste Kultur der Menschheitsgeschichte, die zugleich die erotischste war, hat uns mit allen Vorbildern auch diese Warnung hinterlassen.

Die Griechen haben uns gelehrt, das Schöne mit ihren Augen zu schauen. Der europäische Geist denkt aus dem Geiste Hellas'. Sie schufen die Grundlagen der Naturforschung und sind die Ahnherren aller Wissenschaften. Als das philosophische Volk an sich haben sie alle Gedanken der Philosophiegeschichte zuerst gedacht. Und ein Griechengott gab der Erotik Namen und Inhalt.

Wenn uns ihre Tugenden begeistern und ihre Laster warnen, dann dürfen wir ihre Fehler nur so rügen, wie Goethe es von Schlegel forderte: „. . . so sollte es billig nicht anders geschehen als auf den Knien."

Die Hoffnung auf erotische Wiedergeburt müßte — wie Iphigenie — „das Land der Griechen mit der Seele suchend" nach Hellas blicken und Faust in „sehnsüchtigster Gewalt, ins Leben ziehn die einzigste Gestalt".

In der Liebesumarmung von Helena und Faust vermählt Goethe Hellas und Germanien.

VI. Rom

Römer

Wie die sinkende Sonne, ringsum Gold und Purpur ausstrahlend, hat das untergehende Hellas mit Geist und Schönheit die gesamte Menschheit bereichert. Gleich einem Erstgeborenen durfte Rom das große Erbe antreten. Schon zu Homers Zeiten gegründet, erschien es erst im Lichte der Weltgeschichte, als Griechenland seinen Zenit bereits überschritten hatte und sich im gleisnerischen Schein des Hellenismus dem unaufhaltsamen Niedergang näherte. Dann aber hat Rom in wenigen Jahrhunderten griechisches und hellenisches Kulturgut übernommen und sich anverwandelt. Die Übernahme dieses Erbes wurde durch die unmittelbare Berührung mit Hellas erleichtert, ohne jene christliche Filterung, die die Begegnung zwischen Germanen und Griechen erschwerte und verzögerte. Verglichen mit der ein Jahrtausend umfassenden Christianisierung der Germanen, vollzog sich die Hellenisierung der Römer erstaunlich rasch. Darum müssen Griechen und Römer sich in ihrem Wesen verwandt gewesen sein. Biologisch und sprachlich verband sie die indogermanische Abstammung. Burckhardt unterstreicht wiederholt die „gräkoitalische“ Artverwandtschaft. Beide waren ständig von der Orientalisierung bedroht.

Im allgemeinen werden von der ligurischen und etruskischen Urbevölkerung Roms die italischen Stämme unterschieden, die etwa um 1000 v. Chr. in die Apenninhalbinsel eingewandert waren. Die stammliche Verwandtschaft der echten Römer mit den Gräko-Italikern zeigte sich auch in der Ähnlichkeit zwischen der griechischen und der römischen Erotik und erleichterte die rasche Übernahme hellenistischer Sitten und Laster. Wie in allen Kulturbereichen sind aber auch hier neben einer gewissen Familienähnlichkeit wesentliche Unterschiede, ja Gegensätze erkennbar.

Niebuhr hat in seiner römischen Geschichte bereits darauf hingewiesen, daß, so wie in Athen und Sparta eine indogermanische Oberschicht über stark pelasgisch gemischte Unfreie und Sklaven herrschte, sich in Rom die Patrizier über die Plebejer erhoben, nicht nur als höherer Stand, sondern als typologisch und biologisch verschiedene Menschenart. Früh mischte sich die patrizische Adelsschicht mit etruskischen Geschlechtern. Im 6. Jahrhundert waren die Etrusker eine starke Macht, noch im 5. Jahrhundert beherrschten sie Mittelitalien. Erst im dritten Jahrhundert wurde ganz Etrurien von Rom abhängig.

Durch Zuzug von Geschlechtern, die außerhalb Roms Patrizier gewesen waren, in Rom hingegen als Plebejer galten, verminderte sich der typologische Abstand zwischen Patriziern und Plebejern, bis sich aus dem Patriziat und aus edlen Nachkommen der Plebejer die „nobilitas“ formte, die dann führende Schicht Roms, die erst in den Punischen Kriegen verheerend dezimiert wurde.

In der Frühzeit haben sich die Plebejer durch mutterrechtliche Lebensformen so stark von den Patriziern unterschieden, daß sie diesen als Menschen galten, „die keine Geschlechter haben“ (Livius), das heißt keine väterliche Ahnenordnung. Daß die Plebejer ursprünglich ihre Toten bestattet, die Patrizier verbrannt haben, ist ein Zeugnis für den biologischen und kulturellen Abstand in den ersten Jahrhunderten. Nicht minder verschieden waren Eherecht und Hochzeitsbräuche.

Wie stark sich die Bevölkerung Roms gewandelt hat, ist auch aus den Untersuchungen der Körpergröße erkennbar. Die Durchschnittsgröße der Urbevölkerung war nach Gräberfunden etwa 1,57 m, und am Ende der Kaiserzeit sank sie zurück auf ein Mindestmaß der Heeresgröße von 1,48 m. Kein Wunder, daß den Spätgeborenen die germanischen Krieger als Riesen erschienen. Unter dem Einfluß germanischer Söldner erhöhte sich das Heeresmaß seit dem 4. Jahrhundert auf 1,65 m, bei der Garde auf 1,72 m. Cäsar siegte im Bürgerkrieg durch seine germanischen Hilfstruppen.
War die homerische Kultur vom adeligen Lebensstil der hellenischen Ritter und Herren geformt, so bevölkerte das alte Rom zunächst nur ein kriegerisches Bauerntum. Dieser Unterschied zwischen aristokratisch-musischen Hellenen und bäuerlich-nüchternen Altrömern wird auch in der Erotik nachweisbar sein. War der Hellene dem Kulturstaat der Polis als Bürger-Soldat verpflichtet, so waren die Altrömer, die Preußen der Antike, Soldatenbürger. Die bäuerlich-kriegerische Familie war der Staat im kleinen, der Staat die römische Familie im großen. Das biologisch-harte Ethos der altrömischen Familie wirkt noch nach in dem Satze des Seneca: „Wir ertränken den Schwächling und den Mißgebildeten. Nicht blinder Eifer ist es, sondern Vernunft, den Untüchtigen vom Tüchtigen zu sondern.“ Roms größter Lyriker, Horaz, hat noch in der Spätzeit seine stählernen Verse gehämmert:

„Vom Starken werden Starke gezeugt; es weist im jungen Stier, im adligen Füllen sich der Väter Kraft, und kein Geschlecht von schüchternen Tauben entstammt dem Adler.“

*

Wie Ehe und Familie waren auch die Geschlechtssitten diesem imperatorischen Willen unterworfen: „Du Römer, denke daran, die Völker zu beherrschen, das werden deine Künste sein: dem Frieden Gesittung zu geben, den Unterworfenen zu schonen und den Stolzen durch Krieg zu überwinden ...“ (Vergil)
Es hat Jahrhunderte der ständigen Übung am Griechischen bedurft, bis die knappe, spröde und nüchterne Sprache der Römer

griechische Liebeslyrik und erotische Prosa nachzuahmen vermochte. Die Griechen sind auch darin ihre unerreichbaren Lehrer gewesen. Der Mangel an Künstlertum und Phantasie war aber nur die negative Seite einer noch nie dagewesenen Kraft des Politischen und einer willensharten Rechtlichkeit. Römer haben die Welt nicht durch eigenwüchsige Liebeslyrik bereichert, doch sie wurden die Gesetzgeber des Abendlandes, die Urheber unverlierbarer staatlicher und politischer Formen. In Künsten und Wissenschaften Epigonen; in der Philosophie nur Ausgestalter der Stoa, schufen sie als Feldherren und Staatsmänner jenen Römerbau, der Jahrhunderte als Zentrum der Welt gegolten hat.

Ließen sich diese unlyrischen Menschen vom Eros beherrschen? Nie hat er über Römer eine ähnliche Macht gewonnen wie über die Hellenen. Um so größer war für sie die Gefahr der Sexualisierung. Rom wurde ein welthistorischer Beweis dafür, daß Erotik und Kultur einander bedingen, so wie sich Kultur und Sexualismus ausschließen.

Der hellenische Eros begegnete dem Römer nicht in olympischer Schönheit, sondern in der senilen Spätform des Hellenismus. Durch die orientalisch-etruskische Mitwelt und die Erbschaft des Hellenismus erlag Rom früh einem versachlichten Sexus, der auch eine Folge der Überbetonung des Rationalen und Willenhaft-Technischen sein wird. Kultur und Erotik, Zivilisation und Sexualität bedingen einander.

Götter und Kulte

Roms Name ist etruskisch. Er wird auf eine Siedlung der etruskischen Familie Ruma zurückgeführt. Die ersten Jahrhunderte von Staat und Stadt waren von Kämpfen gegen den etruskischen Fremdkörper erfüllt, und diese Auseinandersetzung hat Roms Charakter so sehr geprägt und verändert, daß sich diese Einflüsse noch im heutigen Italien nachweisen lassen. Schließlich mußten sich die Etrusker der Vorherrschaft jener zivilisatorisch noch weniger entwickelten Stämme beugen, die als „Italiker“ die

Herren des Raumes geworden waren. Gegen den zwiefachen Einfluß von Etruskertum und Hellenismus konnte sich die altrömische Eigenart nur vorübergehend behaupten. Zahlreiche Beweise liefert auch hier die Religionsgeschichte.
Die nüchternen Römer ließen ihre Jugend nicht wie die Griechen durch Musik und Tanz bilden; sie mußte das Zwölftafelgesetz des altrömischen Rechts auswendig lernen, damit die jungen Gehirne juristisch-politisch geformt wurden. Diese kühlen Rechner und Täter haben auch ihre Götter ursprünglich nicht in Bildern angebetet; die Stiefkinder der Musen kannten keine Göttergestalten. Erst die Griechen haben mit ihren Göttern auch Götterbilder nach Rom gebracht.
Die altrömische Religion verklärte nicht Leibesschönheit wie die griechische und war kaum mehr als naiver Seelen-Glaube im Dienste des bäuerlich-kriegerischen Familien- und Staatskultes. So vielfältig sich in Hellas Erotik und Religion verbanden, im altrömischen Leben wurde Eros nur in den Schranken von Staat und Familie geduldet.
Der Phalluskult war in Rom nicht stärker verbreitet als in Griechenland, wurde hier jedoch derber und gröber. Augustinus berichtet über die Verehrung des altitalischen Fruchtbarkeitsgottes Liber: „Unter anderem erwähnt Varro, daß an den Straßenkreuzungen Italiens ein Liberfest begangen und zu Ehren des Gottes die männliche Scham verehrt wurde, und die Verkommenheit nicht mehr etwa in einigermaßen anständiger Verborgenheit, sondern in voller Öffentlichkeit ihre Triumphe feierte."
In der Stadt Lanuvium sei ein ganzer Monat dem Liber geweiht gewesen, und alle hätten sich während dieses Monats die schändlichsten Reden erlaubt; so lange, bis ein männliches Glied über den Marktplatz geführt worden sei und dann seinen Platz wieder eingenommen habe. Dieses unehrbare Symbol hätte die ehrbarste Matrone öffentlich bekränzen müssen. Für das Gedeihen der Samen sollte der Gott Liber günstig gestimmt und die Abwendung der Verzauberung von den Feldern durch eine Zeremonie erreicht werden, bei der eine Matrone öffentlich zu tun genötigt gewesen sei, was im Theater nicht einmal einer Dirne hätte gestattet werden dürfen (Civitas Dei).

Augustin, aus Nordafrika stammend, einst in seiner Jugend zügellos ausschweifend, zeigt, wie fremd und unbegreiflich einem Kirchenvater die naturhaften Fruchtbarkeitskulte erscheinen mußten. Wo der religiöse Sinn verlorenging, konnte der Phalluskult nur noch als Umkehrung der Ordnung der Werte begriffen werden. Der „göttliche" Phallus und nicht das Götterbild, der Trieb und nicht der Geist wurden verehrt. Noch einmal ereifert sich der Heilige gegen diesen Kult: „Haben dem Priapus nur die Mimen und nicht auch die Priester ein so außerordentlich großes Zeugungsglied gemacht? Oder steht er an den heiligen Stätten, wo er angebetet werden soll, anders da, als er im Theater auftritt, wo man über ihn lacht?"
Plinius behauptet, der Phallus sei nicht nur der Beschützer der kleinen Kinder, sondern auch der Feldherren; dieser deus werde von den Vestaiinnen bei den römischen Opfern verehrt, er schütze aber auch den Wagen der Triumphierenden gegen den Neid, wenn er unten an diesem Wagen hänge. Auch an Stadttoren wurde er mit der Unterschrift angebracht: „Hic habitat felicitas", „hier wohnt das Glück"! Phallische Amulette waren massenhaft im Gebrauch.
Deutlicher als theoretische Vergleiche zeigt das Verhältnis zur Nacktheit Unterschiede zwischen griechischem und römischem Lebensstil. Hellenen liebten es, wenn ihren Frauen koische Seide wie Duft um die blühenden Leiber wehte. Nicht nur Seneca aber wetterte gegen seidene Kleider, die man kaum Kleider nennen könne, an denen nichts sei, was den Körper oder auch nur die Scham bedecken könne, „womit angetan ein Weib nicht mit gutem Gewissen schwören kann, daß es nicht nackt sei, . . . damit unsere Frauen alle Welt nicht weniger sehen lassen, als sie ihren Buhlen im Schlafgemach zeigen . . ."
Nicht minder streng ist ein anderes Zeugnis herber Gesittung: „Es ist der Griechen Art, nichts zu verhüllen, dagegen ist es römische und kriegerische Weise, den Statuen einen Panzer zu geben." (Plinius d. Ältere) Seneca verurteilt auch die Gymnastik als griechisch verweichlichend und empfiehlt der Jugend nur Waffenübungen. Dem Hellenen war der Tanz von Jugend an musischer Ausdruck erhöhten Lebensgefühls. Von Cicero dage-

gen stammt das Römerwort: „Niemand tanzt in nüchternem Zustand, es sei denn, er wäre verrückt."
Das Politische, nicht das Musische, beherrscht das Leben einer Nation, die kaum überragende Plastiker und Lyriker hervorgebracht hat. Römische Geschichtsschreibung hat im Realen berichtet, was seine Dichter im Mythos verherrlichten. Vergil hat das größte römische Epos, die Äneis, nach dem Vorbild des Homer gestaltet. Doch die römische Ilias hat nicht die absichtslose Schönheit der hellenischen, sie ist als politischer Zweck gewollt. Ihr Ziel waren ein Idealbild und Mythos des römischen Staates. Vergeblich sucht man im römischen Nationalepos nach Liebesszenen wie zwischen Zeus und Hera. Das altrömische Leben wurzelt und gipfelt im Staate, und die Beziehungen zwischen Mann und Weib sind bestimmt von der politischen Lebensrolle des Römers und der Römerin als pater und mater familias.

Orient und Okzident

Der Einfluß des Etruskertums in den ersten Jahrhunderten — und des Hellenismus in den späteren — verändert altrömisches Wesen immer stärker. Allmählich wird zwar etruskische Macht begrenzt, wenn auch nie gebrochen. Zu spät, erst zur Zeit des Augustus — nach der Überfremdung durch den Hellenismus — findet Rom Zugang zur ursprünglichen griechischen Klassik. So erscheint das römische Leben in einem noch viel gefährlicheren Maße eine Mischkultur als das griechische. Orient und Okzident kreuzen sich unentwirrbar. Auch in den römischen Geschlechtssitten ist alles gebrochener, widerspruchsvoller, derber und gröber als in den hellenischen.
Der scheinbar unaufhaltsame Untergang der alten Adelsschicht, die Vermischung mit dem Plebs und der Sklavenaufstand — legalisiert unter Caracalla — führen dann auch im Sexualleben zu jener alle eigenwüchsige Gestaltung zersetzenden Bastardierung, in der die römische Kultur untergehen mußte.
Zwischen Sulla und Augustus fällt die endgültige Entscheidung des römischen Schicksals. Nur mit gefühlloser Härte gelingt es

Sulla, Staat und Gesellschaft seine Ordnung aufzuzwingen. Späteren Zeiten erschien dieser Mann, der sich selbst Felix, den Glücklichen, zu nennen wagte, der Typ des stählernen Diktators, der in tödlicher Bedrohung zum Retter wird. Er hat die etruskische Gefahr erbarmungslos niedergezwungen.

Eine Vorstellung von der Gewaltsamkeit, mit der Sulla Samniten und Etrusker unterdrückte, gibt jene oft geschilderte Rede des Diktators vor dem Senat. Das Geschrei der 6000 Opfer, die in einem benachbarten Gebäude niedergestochen wurden, drang in den Tempel der Bellona, wo Senatoren versammelt waren. Sulla beruhigte sie: „Es ist nur eine kleine Zahl der Anführer, die auf meinen Befehl gerichtet werden." Die Getöteten hatten sich unter Zusicherung ihres Lebens ergeben. Solche Bilder der Grausamkeit entrüsten die Nachwelt — man könnte aus dem Grad der Härte aber auch die Größe der Gefahr ermessen.

Nach seiner leiblichen Erscheinung war Sulla der Erbe altadeliger Geschlechter. Plutarch bewundert seine „Augen von ungewöhnlichem Blau" und das „goldgelbe Haar". „Obwohl Liebhaber der Frauen wie des Bechers, war er innerlich kalt. Nie hat eine Frau seine Entschließung beeinflußt." (Leutwein) Sein Wollen in einer Zeit, da der römische Typ bereits im Aussterben war, den altrömischen Staat zu erneuern, mußte scheitern.

Cäsar, hochgewachsen, hellhäutig, der ebenbürtige Erbe des Sulla, hat die Macht Roms gestärkt wie keiner vor oder nach ihm. Es wurde aber auch die innere Vermischung verschlimmert, weil der mächtigste Mann Roms und der Welt, der sein Geschlecht auf den Hochadel, ja auf die Götter zurückführte, sich mit der ägyptischen Kleopatra vermählte wie Europa mit dem Orient.

Augustus unternahm die gewaltigsten Anstrengungen, Niedergang und Orientalisierung zu bannen. Seine Kraft und sein Wille kamen zu spät. Caracalla — Sohn der syrischen Julia Domna und des Afrikaners Septimius Severus — diktierte die staatsbürgerliche Gleichheit aller, die das römische Staatsgebiet bewohnten. Der kleine, kraushaarige Bastard, so sadistisch wie feige, mit germanischer Tracht und blonder Perücke kostümiert, hat die römische Adels- und Ständeordnung endgültig zerstört,

als er durch die lex Antoniniana das römische Bürgerrecht auf alle „Freien“ ausdehnte, alle Bewohner des Staatsgebietes juristisch in „Römer“ verwandelte.
Der Vater des Caracalla, Septimius Severus, ist ein Symbol für die innere Eroberung Roms durch punisches Wesen, trotz der äußeren Niederlage des karthagischen Erbfeindes: „Abgrundtief lag in ihm der Haß des Semiten, der keine Schonung kennt.“ (Domaszewski)
Eine Generation vor Caracalla bereits hatte Marc Aurel neben der Fürsorge für die Sklaven und den Pöbel auch die Frauenemanzipation gefördert und damit die stärkste Säule des Römerstaates, den pater familias, in seiner gesellschaftlichen Stellung geschwächt.
So hat sich Altrömisches mit Etruskisch-Phönizischem, ja mit Afrikanischem heillos vermischt, und niemand kann ernsthaft die Erscheinungen römischer Erotik untersuchen, ohne die menschlichen Unterschiede und Gegensätze zu berücksichtigen, durch die sie verursacht wurden. Vieles war etruskisch, punisch oder negroid, was als römisch mißdeutet wurde, nur weil es sich auf römischem Staatsgebiet abgespielt hatte. So gegensätzlich die Typen der Bürger des späten Roms, so verschieden die Formen und Werte ihres Sexuallebens. Der kulturelle Unterschied zwischen den einzelnen Erlebnisformen des Geschlechtlichen war nicht geringer als der physiognomische Gegensatz zwischen dem Haupte des Augustus und dem Kopf eines Caracalla.

Eros und Amor

Die erstaunliche Toleranz der Römer gegen alle fremden Kulte und Götter war nicht nur imperiale Taktik, sondern wohl auch durch die Dürftigkeit der eigenen Götterwelt bedingt. Ein schlichter Seelenglaube liegt dem Arbeit, Familie und Staat heiligenden Kult zugrunde. Wie alles im römischen Leben eingeteilt und geordnet war, so gab es Sondergötter für jeden Spezialfall. Beim Baumfällen zum Beispiel wurde für das Herunterholen Derefunda, für das Zersägen Commolenda, für das Zerhacken

Coinquenda angerufen: Vervactor schützte das erste Pflügen, Reparator das zweite und Imporcitor das dritte.
Das Hauswesen beschirmten die Laren, jeder Hausherr hatte seinen Genius wie jede Hausfrau eine Juno als Schutzgöttin: Vorbilder der christlichen Schutzengel. Augustin spottete über die römische Vielgötterei, die auch noch den Vollzug der Begattung begleitete. „Wenn sich bei Menschen noch ein Rest von Schamhaftigkeit findet, die den Göttern abgeht, müssen sie nicht in ihrer Vereinigung bei dem Gedanken, daß so viele Götter beiderlei Geschlechts zugegen sind und sich um das Werk zu schaffen machen, so von Scham ergriffen werden, daß der Mann weniger erregt wird und das Weib sich heftiger wehrt? und jedenfalls, wenn die Göttin Virginensis da ist, um der Jungfrau den Gürtel zu lösen, wenn der Gott Subigus da ist, damit sie sich, ohne sich zu rühren, umarmen lasse, was hat noch die Göttin Pertunda dabei zu leisten? Sie soll sich schämen und hinwegheben. Etwas wird doch auch der Mann zustande bringen. Es wäre sehr unanständig, wenn das, wonach sie benannt ist, ein anderer als er vollbrächte."
Einfluß und Überlegenheit der griechischen Religion werden später immer stärker. Die amusischen Römer haben nicht mit den Augen gebetet und keine Götterbilder gekannt. Im Götterpaar von Zeus und Hera erleben sie zum ersten Male die Einheit von Gott und Bild. Zeus wird in Rom zum Jupiter, der „Dioupater", der „himmlische Vater", der pater familias der Götter; Hera wird zur Juno, nach der wir heute noch den Monat Juni benennen. Sie ist die Gattin des Jupiter, wirkt aber nie so lebensnah und fraulich wie Hera. Aus Ares wird Mars, aus Dionysos Liber, aus Kore Libera, und die jungfräuliche Athene erscheint als Minerva.
Verwandtschaft und Unterschied zwischen griechischer und römischer Religion und Erotik sind symbolisiert in Aphrodite und Venus, zu der sich die griechische Göttin in Rom verwandelt. Das alte Rom kannte sie noch nicht als Liebesgöttin, sondern als Beschirmerin des Gartenbaues. Unter den alten römischen Göttern „erscheinen nun fast gar keine Gottheiten, die sich auf das Liebesleben des Römers beziehen. Denn sogar der Name der

Venus fehlt noch in den ältesten sakralen Urkunden.“ (Kiefer) Auch später gewann Venus nie die alles Leben betörende Macht wie Aphrodite. Venus ist eine Verniedlichung und spielerische Spätform der Aphrodite, wie auch Amor kaum noch vergleichbar ist mit der ursprünglichen Macht des Eros oder Dionysos. Das lebenzeugende Symbol wird zur Allegorie.

Bacchanalien

Einen imperialistischen Kult schuf sich das späte Rom, als es die aus dem Orient stammende Vorstellung eines Universalreiches durch das orientalische Gottkaisertum symbolisieren ließ. Cäsar, im Orient bereits als „Soter Oikumene“ verehrt, wurde durch Senatsbeschluß zum „Jupiter Julius“ erhoben. Eine solche Entscheidung hätte in der hellenischen Polis als Hybris gegolten. Religiöse Glaubenssucht wurde in Rom in den Dienst der imperialen Politik gestellt. Die Griechen vermenschlichten ihre Götter, das späte Rom vergöttlichte die Cäsaren. Augustus, der Erneuerer altrömischer Tradition, hat diese Vergötzung innerlich abgelehnt und nur im Ausland, besonders im Orient, göttliche Huldigung entgegengenommen. Diokletian ließ sich und den Mitkaiser dann als Jupiter und Herkules verehren. Nicht zufällig bestand seine Garde aus etruskischen Haruspices.

Seelenglaube und Kaiserkult haben die religiös-sexuellen Ausschweifungen des Hellenismus zunächst nicht begünstigt. Erst Livius berichtet, es gäbe in ganz Italien und auch in der Stadt an vielen Orten Bacchanalien, und das sei nicht nur durch Gerüchte bekannt geworden, sondern durch das nächtliche Beckengeklapper und Geheul, das allenthalben in der Stadt lärme. Er beschreibt den orgiastischen Geheimkult näher: Sobald jemand eingeführt sei, werde er den Priestern als Schlachtopfer übergeben. Diese führten ihn an einen Ort, erfüllt von vielfachem Geheul, dem Zusammenklang von Flöten und Becken- und Paukenschlag, damit man seinen Hilferuf nicht höre, wenn er gewaltsam geschändet werde.

Seit die Teilnahme an dem Kulte freigegeben, die Beteiligten aus Männern und Weibern gemischt gewesen wären und die nächtliche Ungebundenheit dazu gekommen sei, habe man jeden Frevel, jede Schandtat ausgeführt. Die Männer begingen mehr Unzucht unter sich als mit Weibern. Duldeten einige die Entehrungen nicht freiwillig oder hätten sie Bedenken, sie an anderen zu üben, würden sie wie Schlachtvieh geopfert. Nichts für Sünde zu halten sei ihr heiligstes Glaubensgesetz. Die Männer redeten wie wahnsinnig und schwärmerisch verzückt in Weissagungen, die Weiber schweiften in Bacchantinnentracht, mit fliegenden Haaren und brennenden Fackeln. Diese Mystagogen seien sehr zahlreich, „fast schon ein zweites Volk“ ...

Römische Nüchternheit erkannte noch die Gefahr der religiös-sexuellen Raserei und unterdrückte sie brutal. Livius schildert eine Ansprache eines Konsuls gegen diese „männlichen Personen, die nicht besser als Weiber sind, Geschändete und Schänder, Schwärmer, Nachtwacher, vom Wein, vom nächtlichen Getöse und Geheul sinnlos“. Das Übel wachse von Tag zu Tag. Schon gefährde es den Staat. Nichts habe einen trüglicheren Schein als falsche Götterfurcht: „Von dieser frommen Bedenklichkeit befreien jedoch unzählige Verordnungen der Oberpriester, Senatsbefehle und Bescheide der Opferschauer.“ Wie oft sei zu Väter- und Großväterzeiten dagegen den Obrigkeiten der Auftrag gegeben worden, ausländische Gottesdienste zu verhindern, Opferern und Wahrsagern den Markt, die Rennbahn, die Stadt zu verbieten, prophetische Bücher zu suchen und zu verbrennen, jede Lehrart des Opferdienstes, die sich nicht an römische Gebräuche hielt, zu verbannen? Nach dem Urteil dieser des gesamten göttlichen und menschlichen Rechtes so kundigen Männer sei nichts so wirksam, alle Gottesfurcht zu vertilgen, als wenn man bei den heiligen Gebräuchen statt der vaterländischen Sitte die des Auslandes befolge.

Als die Geheimkulte des Bacchos aus Unteritalien dann in Rom einzudringen versuchten, erließ der Senat ein Gesetz, nach dem jeder Teilnehmer mit dem Tode bestraft werde. Schon 186 v. Chr. wurden siebentausend Menschen ausschweifender Ekstasen angeklagt und die meisten von ihnen grausam hingerichtet. Es zeigte sich bei den Untersuchungen, daß neben Unzucht aller Art auch sonstige Verbrechen, Mord, Fälschung von Zeugnissen, Siegeln,

Testamenten usw. mit den Geheimkulten verbunden waren. Die Härte der Bestrafung beweist ihre Notwendigkeit. Der auf einer Erztafel überlieferte Beschluß des Senats von 186 verbot alle Bacchanalien für ganz Rom und Italien. Doch der Einfluß der Orientalen war schon zu groß, als daß sogar die äußerste Härte den religiösen Orgiasmus noch hätte ausrotten können.
Mit dem Kult der Magna Mater konnte sich der religiöse Sexualismus weiter ausbreiten und die ursprünglichen Fruchtbarkeitskulte mißbrauchen. Die rasenden Mänaden beschreibt Juvenal in der 6. Satire:

„Auch kennt jeder der Göttin Fest, wenn die Pfeife die Lenden
Aufregt, wenn sie vom Horne zugleich und vom Weine verzückt,
Wild sich bewegen, das Haar sich schütteln und fürchterlich heulen,
Diese Priapus-Mänaden. Wie glühen sie jetzt nach Begattung!
Was sie für Laute vor Brunst ausstoßen, wie reißend der alte
Wein an den triefenden Schenkeln der Weiber in Strömen hinabläuft!
Priamos könnte entflammen und Nestor, dem Bruche zum Trotze ...
Jetzt kann nimmer die Brunst aushalten den längeren Aufschub,
Noch sich die Weiber verstellen. Die Grotte hallt wider vom Rufe:
‚Männer herbei, jetzt darf man!' "

*

Ceres-Demeter-Kybele war bereits stärker als der Senat. Die Magna Mater drang gegen den Widerstand des pater familias weiter voran. Zunächst war der Kult der Kybele nur den aus der Fremde eingewanderten Priestern, den „Galli", gestattet. Aus den kleinasiatischen Städten kommend, wurde sie in Rom feierlich empfangen. Eine Gesandtschaft holte 204 v. Chr. einen heiligen Meteorstein, die Kybele symbolisierend, aus der phrygischen Stadt Pessinus nach Rom — und mit ihr einen orgiastischen Kult. In Hellas hatte Zeus die Demeter unterworfen; im Rom der spätantiken Massen wurde Kybele mächtiger als Jupiter.

Bachofen erkannte die Gefahr der religiösen Überfremdung für Gesittung und Geschlechtsmoral des Imperiums: „Durch seine Religionen sucht das Morgenland dem Abendland nochmals sein Joch aufzuerlegen.“ Im Götter- und Völkerchaos der Spätzeit wucherten die Geheimkulte, ob sie nun Isis, Christus, Sabazios oder Mithras galten. Ovid schildert die mit den Kybele-Mysterien verbundene kultische Entmannung:

„. . . fort mit dem Glied, das mir zum Jammer erwuchs.
Fort, ach fort, ruft er immer noch, und die schuldigen Teile
Reißt er sich ab und ihm blieb nichts, zu bezeichnen den Mann.
Vorbild wurde der Wahn, und es schneiden sich die weibischen Diener
Wild aufschüttelnd das Haar, weg das verachtete Glied.“

Es rächte sich die auch für moderne Verhältnisse zu großzügige Toleranz, wie sie von Kaiser Alexander Severus berichtet wird, der in seiner Kapelle die Bildnisse von Abraham, Christus, Orpheus und Apollonius nebeneinanderstellte.
Mit den fremden Kulten siegte eine fremde Menschenart: „Die Überschwemmung des Abendlandes mit Mysteriendiensten stellt schwerlich die Bekehrung des im seelischen Gleichgewicht lebenden, nüchternen Indogermanen zu einem seinem Wesen fremden orgiastischen Erregungsgeist dar: diese Glaubensformen kamen vielmehr mit ihren Völkern.“ (Frank)
Im spätrömischen Pöbel grassierte wieder der Zwiespalt von religiösem Sinnetaumel und leibfeindlicher Askese, massenhafter und primitiver als in Griechenland, ohne die Schönheit, die in Hellas noch das Laster entschuldigen sollte.

Die Etrusker

In Wechselwirkung mit den orgiastischen Kulten griff obszöner Aberglaube um sich. Die Römer waren anfälliger gegen Zauberglauben, weil ihre wissenschaftliche Begabung nicht an die der Hellenen heranreichte. Doch die Auswüchse der Kulte, der Mantik und Magie wären in Rom kaum in diesem Umfange

Verzückung der Hl. Theresa (Bernini, 1646), den erotisch-religiösen Visionen der Teresa von Avila nachempfunden.

Auguste Rodin: Der Kuß

verbreitet worden ohne den Einfluß der Etrusker. Dieses nichtindogermanische Volk, technisch und zivilisatorisch hochbegabt und aus Kleinasien stammend, hat sowohl als Mittler griechischer Kultur wie als Vorbote des Orients das römische Kultur- und Geschlechtsleben früh überformt. Der etruskische Einfluß auf Rom war vermutlich mächtiger als der pelasgische auf Hellas. Ein Blick auf die Typen, die den etruskischen Sarkophag aus Cervetri dekorieren, lehrt, daß hier Menschen bildnerisch wirkten, die sich äußerlich und innerlich wesenhaft vom Römertum unterschieden.

Rom hieß etruskisch Ruma, der kurulische Sessel wie die Toga der römischen Beamten und das Doppelbeil mit dem Ruten-(Liktoren-)Bündel sind etruskisch. Der monokratische Herrscher ist etruskisch, und es sind vielleicht Zeichen etruskischer Einschläge noch im Italiener unserer Zeit, daß sich der Faschismus für die Diktatur und ihr etruskisches Liktorenbündel entschied und dann auch die Faschisten derart grausam und blutrünstig ausgerottet wurden.

Wie die Schriftzeichen haben die Etrusker auch viele Götter aus Griechenland übernommen — und sich anverwandelt. Aus dem strahlenden Lichtgott Zeus-Jupiter wurde der „Jupiter-Vejovis“, der böse Jupiter, ein Vorläufer des christlichen Satans. Dämonenangst und Götzenfurcht haben sie im antiken Leben verbreitet. Trotz vielseitiger Talente waren sie künstlerisch Nachahmer des Orients und der Griechen und blieben in der Dichtkunst unproduktiv. Ihre Malerei kopierte die griechische. Sie liebten die Buntheit, doch in unnatürlichen Farben. Etruskische Maler sind die eigentlichen Erfinder der „Blauen Pferde“. Ihre Motive sind meist so abschreckend oder obszön wie ihre religiösen Vorstellungen und Kulte. Ein finsterer Formalismus der religiösen Kulte und Bräuche verbindet sich mit Auswüchsen der Zauberei und der Mantik. Alles Grauenhafte und Ekelerregende, das Dante von der Hölle berichtet, dürfte er etruskischen Vorlagen nachgezeichnet haben. Das Häßliche war hier Gestalt geworden wie in Hellas die Schönheit. Noch in mittelalterlichen Höllenbildern wirken diese Wahnfiguren nach als Teufel, Hexen und Spukgestalten.

Ein halbes Jahrtausend nach Aristoteles suchte dieses Volk die „Wahrheit" immer noch in der Mantik, in der „Eingeweideschau" gemordeter Tiere und zerfleischter Buhlknaben, in einer widerlichen Mischung von Päderastie, Lustmord, Selbstbegattung und Magie.
Die Etrusker haben uns die Satanologie vererbt: „Hier ist der Ursprung des gehörnten Phantoms einerseits, des bockköpfigen Teufels andererseits, dessen Auftreten in der Hexenliteratur bis zu den Volkssagen hinab bisher völlig rätselhaft war..." (Grünwedel) Die enge Verbindung dieser schwarzen Magie mit dem Sexualismus wird niemand bestreiten, der die Bedeutung der Teufelsbuhlschaft für die Hexenverfolgung und die mittelalterliche Verdammung des Sexus erkannt hat.
Ein bedeutender Etruskerforscher weist den unmittelbaren Zusammenhang von etruskischer Religion und pervertierten Kulten nach. Die etruskischen Priester hätten jene „scheusäligen Orgien ausgebildet, in denen das von phrygischer Kymbalen- und Paukenmusik betäubte, von bacchischer Lust und losgelassener Gier entflammte Gemüt sich aller Greuel unterfing, bis der römische Senat mit heilsamer Strenge alle Bacchanalien . . . aufhob". (K. O. Müller)
Wir wissen, daß der religiöse Sexualismus stärker war als die wiederholten Abwehrversuche des Senats. Darum sind auch die römischen Geschlechtssitten nicht erklärbar ohne Berücksichtigung des etruskischen Einflusses. Etruskisch waren die mit Leberschau und Vogelflugdeutung zaubernde Mantik und das in religiöser Raserei gemarterte Menschenopfer. Eindeutig ist kultisches Menschenschlachten der Ursprung der späteren Gladiatorenkämpfe. Der Einfluß des Etruskertums läßt es auch verständlicher erscheinen, daß sich die Römer dem Zirkus mit ähnlicher Begeisterung hingegeben haben wie die Griechen der Tragödie. „Die Gladiatorenspiele veranstalteten die Römer, die diese Sitte von den Etruskern übernahmen . . ." (Nikolaus von Damaskus) Sie waren ursprünglich die den finsteren obskuren Bräuchen der Etrusker entlehnten Leichenspiele: „summo gaudio plebis" — zum höchsten Ergötzen des Volkes.

Der vorsichtig wägende Burckhardt urteilt über den etruskischen Einfluß mit ungewohnter Härte: „Wenn dann aber in Rom bei Entfesselung aller Leidenschaften gegen Ende der Republik das Menschenopfer in greulichster Gestalt wieder auftritt, wenn über den Eingeweiden geschlachteter Knaben Gelübde geleistet werden und dergleichen, so geht dies hoffentlich die griechische Religion nichts mehr an . . ." Noch schärfer erfaßt Grünwedel den Zusammenhang zwischen etruskischer Religion und Sexualismus: „Eine Nation, die es fertigbringt, Wandgemälde über die Eingangstür von Gräbern zu malen wie die beiden Szenen in der Tomba dei Tori, die es sich erlaubt, in den Gräbern solchen Unflat zu schreiben und zu malen wie im Colini-Grab I, Sarkophage mit den widerlichsten Darstellungen . . ., Toiletteartikel mit den haarsträubendsten Gemeinheiten zu bedecken, gibt damit die menschenunwürdigste Infamie als nationales Erbgut, als religiöse Überzeugung . . ."
Ohne moralisch zu werten, darf man hier den entscheidenden Unterschied zum Griechentum sehen. Vielleicht waren die späten Griechen lasterhaft, doch sie standen auch in der Ausschweifung noch unter dem Gesetz der Schönheit. Bei den Etruskern aber wurde das Sexuelle moralisch so minderwertig wie ästhetisch abstoßend. Wenn der späte Hellenismus einer „Verquickung von Heiligtum und Bordell" (Oldenburg) verfallen war: Im Etruskertum wird das Obszöne zur Religion. Was Erwin Rohde für den Späthellenismus festgestellt hat, gilt noch stärker für das orientalisch und etruskisch überfremdete Rom: „Wahnvorstellungen aus allen Weltenden", das „fremdländische Unwesen der Geisterbannung", „Getümmel fremder Götzen", das „immer tiefere Eindringen einer ängstlichen Scheu vor überall wirkenden Geistesmächten, einer Superstition [Aberglaube], wie sie Homers Zeitalter noch nicht kannte". Die Etruskerforschung hat diese Zustände auch für Rom hundertfach bestätigt. Darum ist es einfach geschichtswidrig, heute noch alles für „römisch" auszugeben, was unschwer als etruskisch, phönizisch, vorderasiatisch deutbar ist.

Die Strenge römischer Zucht in Staat und Familie wird erst begreiflich als notwendiger Lebensschutz gegen die Gefährdung durch Orient und Etruskertum. Wie der Staat die Familie im großen, so war der pater familias der Herrscher in der Familie. Dennoch war die Stellung der römischen Frau freier und selbständiger als die der Hellenin. Der politische Instinkt des Römers erkannte früh die Bedeutung von Familie und Mutterschaft für den Staat. Auch in der Ordnung der Familie wurde juristisch gedacht und gehandelt. Das beweist das ausgeklügelte Eherecht. Von mutterrechtlichen Formen ist im römischen Recht kaum etwas zu finden.

Nach der Autorität der väterlichen Gewalt werden die einzelnen Eheformen unterschieden. Zunächst das Patriarchat: „Seine reinste Ausprägung hat dieses höchste Recht bei den Römern gefunden. Kein anderes [Volk] hat die Idee der Potestas über Frau und Kind so vollkommen entwickelt, kein anderes daher auch die entsprechende des staatlichen Imperiums vom ersten Tage an so klar bewußt verfolgt . . ." (Bachofen)

Im Vater, Vormund und Gatten war die männliche Vorherrschaft gesichert. Die Rechtsgewalt des römischen Hausherrn („manus") bestimmte die Rolle des Mannes wie der Frau. In der altrömischen Ehe begibt sich die Frau in die Gewalt und „Hand" des Mannes, in seine „manus". Vorher hat der Vater die „patria potestas" über seine Tochter — wie über alle seine Kinder. Bei der Eheschließung geht die Frau aus der manus des Vaters in die ihres Gatten.

In der Ehe „sine in manum conventione" (ohne in die Gewalt des Ehemannes zu kommen) bleibt sie in der väterlichen manus. Die Frau steht auch vermögensrechtlich entweder unter der väterlichen oder eheherrlichen Macht. In den drei zivilrechtlich anerkannten Eheformen „confarreatio", „coemitio" oder „usus" bleibt die Frau in der manus des Gatten.

Dionysius berichtet über die traditionelle „confarreatio": Die sakrale Eheschließung, die mit dem gemeinschaftlichen Genuß des Farr, einer Weizenspeise, nach göttlichem und menschlichem

Rechte vollzogen wurde, führe zu einer Bindung „unaufhörlicher Freundschaft, und nichts vermochte solche Ehen zu trennen. Dieses Gesetz nötigte die verheirateten Frauen, die keine weitere Zuflucht hatten, sich einzig nach der Lebensart ihres Gatten zu bequemen, und die Männer, ihre Gattin als eine notwendige und unentbehrliche Sache zu behandeln."
Jünger und verbreiteter, „bürgerlicher" war die coemitio, die Heirat der Plebejer, die diesen eine zivilrechtliche Eheschließung ermöglichte, dabei die „manus" wahrte. „Coemitio" (und „usus") war(en) rein „weltliche" Formen ohne sakrales Zeremoniell. Schon die Gesetze der zwölf Tafeln bestimmten, daß Geschlechtsverbindungen, die ohne Unterbrechung ein Jahr währten, zivilrechtlich als Ehe gelten sollten. Daraus entwickelte sich die dritte Form, „usus", die Gewohnheit. Eigenartig daran war die Bestimmung, daß die jährliche Unterbrechung der Ehe in drei aufeinanderfolgenden Nächten, das „trinoctium", die manus des Gatten verhinderte. Zivilrechtlich war diese Ehe gültig, die Frau aber verblieb in der patria potestas, in der manus des Vaters. Diese Auflockerung der ursprünglichen Eheformen begann schon im ersten Punischen Kriege.

*

Nach antiken Berichten endete eine Hochzeitsfeier im alten Stile mit folgendem typischem Abschluß: Nach der Feier wird das Paar von den Gästen in das Haus des Ehemannes geleitet. Der Zug singt die „Faszenenlieder", ursprünglich Phalluslieder, wenn das Wort aus „fascinum", männliches Glied, abzuleiten ist. War der Zug am Hause des Mannes angelangt, hob der Mann seine junge Frau über die Schwelle. Im Inneren des Hauses wurde sie vom Gatten in die Gemeinschaft des Feuers und Wassers aufgenommen, etwa durch gemeinsames Anzünden des neuen Herdfeuers und Besprengung der Braut mit Wasser. Auch der nun folgende faktische Vollzug der Ehe geschah nach heiligen Bräuchen. Die Brautführerin, die „pronuba", richtete das Bett und belehrte die Braut über das Nötige. Die junge Frau betete dann zur Juno Virginensis und Cinicia, durch welche die Lösung des Gürtels geheiligt war. Nun löste der Mann den Gürtel der Frau,

diese aber setzte sich auf den Phallus einer besonderen Gottheit, die für die Befruchtung sorgen sollte. (Muntunus-Tutunus)
Die erste Begattung vollzog sich in ältester Zeit wahrscheinlich vor Zeugen. Bei der leiblichen Vereinigung wurde eine Reihe von Gottheiten angerufen, die ihrem Namen nach die verschiedenen Momente des Aktes symbolisieren, was Augustin, wie berichtet, in seinem Jahrhundert nur noch als lächerlich und anstößig empfinden konnte. Kulturgeschichtlich wichtig ist an diesen Sitten und Gebräuchen, wie wenig die sexuellen Vorgänge nur private Erlebnisse gewesen sind und wie stark der antike Mensch auch in der „Intimsphäre" religiös gebunden war. Später heiratete man immer häufiger in der manusfreien Eheform. Sie wurde durch gegenseitige Vereinbarung geschlossen, setzte also eine gewisse Gleichberechtigung der Frau bereits voraus. Die vorherrschende Rolle des Mannes in allen Eheformen stand indes immer unter dem politischen Ethos. Zwar konnte der pater familias nach altrömischem Rechte die beim Ehebruch ertappte Gattin straflos töten, seine Autorität hatte er jedoch gewissermaßen als Vertreter des Staatsinteresses in der Familie. Durch die Bedeutung der Familie für den Staat waren die Rechte von Weib und Kind auch dem pater familias gegenüber geschützt.
Wie die Griechin am Herde, so fand die Römerin im Atrium und in der Erziehung der ihr anvertrauten Kinder ihre Mitte und Lebensaufgabe. Im Unterschied zur Hellenin nahm sie schon im ersten Jahrhundert v. Chr. am Gastmahl teil. Es stand ihr frei, zu Festen und Feiern zu erscheinen, und sogar Konsuln und Liktoren traten zur Seite, wenn eine mater familias vorüberging. Die Rolle der römischen Ehefrau in dieser Würde und Freiheit ist einzigartig in der Antike. Sie läßt sich nur mit jener der germanischen „Herrin" vergleichen. Die Formel der Eheschließung: „Ubi tu Gaius, ego Gaia" ist ein Symbol der Ebenbürtigkeit, und deshalb konnte die Gattin eines freien Römers wie die Germanin den Titel „domina" — Herrin beanspruchen.

*

Die Geschichte der römischen Ehe zeigt: Solange die Stellung des pater familias gewahrt blieb, war die Würde der römischen

Frau gesichert. Als die alten Ehesitten gelockert wurden, beeinträchtigte dies auch die Rolle des Weibes. Ein Altrömer echten Charakters, Cato, konnte zugestehen: „Überall beherrschen die Männer die Frauen, und wir, die wir alle Männer beherrschen, werden von unseren Frauen regiert.“ Der Verfall der altrömischen Gesittung durch Entartung und Überfremdung sprengte auch die ehelichen Bande. Ehebruch und Scheidung wurden alltäglich und mit der Familie auch der Staat erschüttert. Der Gleichstellung zunächst der Plebejer, später der Freigelassenen und schließlich der Sklaven durch die Cäsaren folgte analog die „Emanzipation“ des Weibes, mit ihr fielen auch die ständischen Schranken der Gattenwahl. Ehen zwischen Patriziern und Plebejern wurden gestattet. Kinder aus Verbindungen mit einer Plebejerin waren früher der pars deterior, der „ärgeren Hand“, unterworfen, ebenso Kinder einer Römerin mit einem Fremden.

Verfall der Ehe

Augustus wollte die römische Gesittung erneuern. Ehebruch ließ er streng bestrafen, und durch Gesetz wurden die Männer zu rechtzeitiger Ehe verpflichtet. Im Jahre 18 v. Chr. erließ der Kaiser ein Gesetz über Ehebruch und Keuschheit (lex Julia de adulteriis et pudicitia) und ein Gesetz über den Ehestand (lex Julia de maritandis ordinibus) und im Jahre 9 n. Chr. die lex Papia Poppaea, die Junggesellen zwischen 25 und 60 und ehelosen Frauen zwischen 20 und 50 Jahren vermögensrechtliche und soziale Nachteile androhte.

Doch sogar in der eigenen Familie gelang es ihm nicht, römische Gesittung zu retten. Seine eigene Tochter Julia mußte er wegen ihres lasterhaften Lebenswandels verbannen. Nur seine zweite Frau, Livia, die er von Tiberius Claudius Nero scheiden ließ, um sie heiraten zu können, scheint ihm eine wahre Lebensgefährtin gewesen zu sein. Dem Herrscher aber, der den Kinderreichtum seiner Bürger wieder zu erzwingen versuchte, waren eigene Kinder versagt. Dennoch hat er Livia kaiserlich geehrt, als er sie testamentarisch zur Mitregentin des Tiberius und zur Julia Augusta erhob.

Eine Rede des Augustus gegen die Ehe- und Kinderscheu hat uns Dio Cassius überliefert:

„Wie soll ich euch aber nennen? Männer? Ihr habt euch noch nicht als Männer gezeigt. — Bürger? Soviel an euch ist, gibt es bald keinen Staat mehr. — Römer? Ihr legt es darauf an, diesen Namen zu vernichten . . . Bedenkt, wie gerechten Groll unser Stammvater Romulus haben muß, wenn er die Zeit, in der er geboren wurde, mit der eurigen vergleicht, wie ihr aus gesetzlichen Ehen nicht einmal Kinder zu erzeugen vermögt . . ."

Die Vorwürfe des Oktavian waren allzu berechtigt: Cicero, von Hirtius gefragt, ob er nicht nach seiner Trennung von der Terentia seine Schwester heiraten wolle, sagte, er werde überhaupt nicht mehr heiraten, da er nicht gleichzeitig sich um die Philosophie und um eine Frau kümmern könne: „. . . ist der etwa frei, dem ein Weib befiehlt? Dem sie Gesetze auferlegt und vorschreibt, dem sie befiehlt, verbietet, was ihr gut scheint?"

Oder die Ehescheu des Seneca: „Vollends aber zu heiraten, um Kinder zu bekommen, damit entweder unser Name vererbe, oder daß wir Stützen im Alter oder sichere Erben haben, das ist das Allerdümmste." Oder Properz: „Soll ich für Schlachtentriumphe Kinder schaffen? Aus meinem Blute kommt niemals ein Soldat."

Nur Cato ragt noch wie eine dorische Säule aus den Ruinen römischer Lebensordnung. Aus sabinischem Bauerngeschlecht, altrömisch, schlicht und tüchtig, von Plutarch verspottet als „bissiger Rotkopf bläulichen Auges", gleich streng und gerecht in Staat und Familie, hat er noch in seinem 80. Lebensjahr einen Sohn gezeugt. Als alter Witwer heiratete er die blutjunge Tochter des Schreibers Salonius. „Cato bekam aus dieser zweiten Heirat noch einen Sohn, dem er von der Mutter den Beinamen Saloninus gab." Als dieser Sohn geboren war, kannte Cato keine dringenderen Anliegen — ausgenommen die politischen —, als dabei zu sein, wenn seine junge Frau den Sprößling badete und wickelte. Ironisch berichtet Plutarch: „. . . in seinen Augen war es ein schöneres Lob, ein guter Ehegatte als ein großer Ratsherr zu sein. Daher bewunderte er an dem alten Sokrates nichts so

sehr, als daß er mit seiner bösen Frau und seinen dummen Kindern immer zufrieden und vergnügt gelebt habe."
Vorbild römischer Gattenliebe war die Enkelin des Augustus, Vispasiana Agrippina. Als Gattin des Germanicus begleitete sie den Abgott der Legionäre auch auf seinen Feldzügen und schenkte ihm neun Kinder. Nach dem Tode des Gatten kehrte sie mit seiner Asche zurück und bezichtigte in maßlosem Hasse den Tiberius des Mordes an Germanicus. Sie beharrte auf ihrer Anklage, bis sie in der Verbannung freiwillig verhungerte. Hier loderte die Rache des Urweiblichen auf, ähnlich der Kriemhilde.

Der historisch nicht immer zuverlässige Dionysius behauptet: Binnen 520 Jahren sei nach jedermanns Zeugnis unter den Römern keine Ehe getrennt worden. Erst in der 137. Olympiade, unter dem Konsulat des M. Pomponius und des C. Papirus, sei Spurius Carvillius, ein nicht unbedeutender Mann, der erste gewesen, der sich von seinem Weibe scheiden ließ. Von den Sittenrichtern dazu gezwungen, habe er geschworen, daß er, um Kinder zu zeugen, seiner Gattin, die unfruchtbar war, nicht beiwohnen könne. Wegen dieser wenngleich erzwungenen Tat sei er dem Volke stets verhaßt geblieben.
Die Sittenstrenge einer Lukretia war sicher eine Ausnahme, auch wenn ihre Haltung als Gleichnis gelten darf: Sextus Tarquinius, aus etruskischem Adel, verbrachte als Gast ihres Gatten die Nacht in dessen Hause. Unter Mißbrauch des Gastrechtes gelang es dem Sextus Tarquinius, Lukretia zu vergewaltigen. Am folgenden Morgen hat sich die Geschändete in Gegenwart ihres Vaters und ihres Gatten den Dolch ins Herz gestoßen.
Bis in die Spätzeit hinein reichen Zeugnisse für römische Mütter, die uns in schlichter Größe mehr von der römischen Familie offenbaren als die Historiker. Auf einem Sarkophag sind die Tugenden einer mater familias überliefert:
„Amymone, Frau des Marcius, liegt hier: gut war sie und schön, eine fleißige Spinnerin, wirtlich, häuslich, züchtig, keusch und fromm."
Eine Grabinschrift aus der Zeit der Republik:
„. . . Es deckt der schlichte Grabstein eine schöne Frau. Mit Na-

men nannten Claudia die Eltern sie. Mit eigner Liebe liebte sie den eignen Mann. Zwei Söhne gebar sie. Sie war von artiger Rede und von edlem Gang, besorgte ihr Haus und spann ...“
Und noch aus der Kaiserzeit:
„Sie war der Schutzgeist meines Hauses, meine Hoffnung, mein einziges Leben. Was ich wünschte, das wünschte auch sie, sie mied, was ich mied. Keiner ihrer innersten Gedanken war mir je verborgen. Auch ermangelte sie nicht des Fleißes bei der Wollarbeit: sie war sparsam, doch freigebig aus Liebe zu dem Mann. Speise und Trank mundeten ihr nicht ohne mich. Trefflich war ihr Rat, klug ihr Sinn, edel ihr Ruf.“
Plinius d. J. schildert in einem Brief sein eheliches Idyll und zeigt darin den Geist einer gebildeten Römerin:
„Sie hat viel Geist, viel Haltung und viel Zärtlichkeit für mich, das Zeichen reiner Tugend. Sie liebt die Wissenschaft; es ist der Eifer, mir zu gefallen, welcher ihre Neigungen nach dieser Seite wendet. Sie hat fortwährend meine Werke in den Händen, sie hört nicht auf zu lesen und lernt sie auswendig.“

*

Das Zeitalter des Cäsarismus hinterließ jedoch allzu viele Zeugnisse dekadenter Art. Immer lockerer wurden die ehelichen Bande und Ehescheidungen zur Gewohnheit. Cäsar heiratete viermal, Cicero dreimal, Pompeius fünfmal, Sulla fünfmal, Ovid dreimal: „Schämt sich denn noch ein Weib des Scheidebriefes, nachdem mehrere hohe und vornehme Frauen ihre Jahre nicht mehr nach der Zahl der Konsuln, sondern ihrer Ehemänner zählen und aus der Ehe treten, um zu heiraten, und in die Ehe treten, um sich scheiden zu lassen?“ (Seneca) Juvenal spottete über diese Zustände:
„Also beherrscht sie den Mann. Doch satt bald dieses Gebieters,
Wechselt die Häuser sie oft und verbraucht Brautschleier,
Von da dann flattert sie wieder hinweg und sucht das verschmähte Bett auf.
Jüngst erst waren die Türen geschmückt, Vorhänge gebreitet,
Frisch noch grünen die Zweige der Schwelle — und wieder entflieht sie.

Also summiert sich's allmählich. Es gibt acht Männer zusammen
In fünf Herbsten, — ein Stoff, in der Grabschrift nicht zu
vergessen."

Antonius, der Triumvir, ließ sich nach einer zweifelhaften Laufbahn in Asien als Dionysos vergöttern. Nachdem er sich durch Kontributionen erpresserisch bereichert hatte, heiratete er Kleopatra und führte mit ihr das ausschweifende Leben eines orientalischen Despoten. Den mit der Ägypterin gezeugten Kindern schenkte er ganze Provinzen. Vor ihm hatte Cäsar, der Halbgott des Imperiums, die Reize der letzten Ptolemäerin gekostet. Auch er hatte einen Sohn von ihr, den Cäsarion, der später auf Befehl des Oktavian getötet wurde. So haben die Cäsaren durch schlechtes Vorbild jene Vermischung gefördert, die mit dem Verschwinden des altrömischen Typus auch den Niedergang der römischen Kultur verursachte. Vergeblich hatte Vergil im Nationalepos, der Äneis, vor diesem Weg gewarnt. Sein Nationalheld bezwang die Liebe zu der karthagischen Königin Dido, um seiner Heimat zu dienen. Seither herrschte ein Urhaß zwischen Karthago und Rom, Afrika und Europa, der zum Schicksal des Imperiums werden sollte. Die Geschichte Roms beweist, daß keine Kunst der Staatsmänner und kein Heldentum seiner Soldaten ein solches Gigantenwerk vor dem Verfall schützen kann, wenn zügellose Sexualität seine biologischen Fundamente zersetzt.

Sexualismus

Kennzeichnend für die Mentalität des spätrömischen Adels ist das Wort des Seneca: „Liebe ist rasend gewordene Freundschaft." Hier taucht in römischer Abwandlung wieder die hellenische „Mania" auf, und es ist kaum zu widerlegen, daß in der Rangordnung der römischen Werte Freundschaft höher stand als Liebe. Diese Haltung des überragenden Vertreters der römischen Stoa war allerdings nie Gemeingut städtischer Massen. Der Durchschnitt lebte eher nach dem Prinzip des assyrischen Königs Sardanapal, den man in Rom gern zitiert hat. Seine Grabinschrift war zum römischen Sprichwort geworden:

„Das besitze ich, was ich gegessen, getrunken und im Liebesrausch genossen habe; alles andere ist nichts.“ Das späte Rom hat dieses Testament auf seine Weise erfüllt. Der Sexus konnte sich nicht mehr zum Eros veredeln. Horaz hat in seinen Sermonen diese römische Sexualität gekennzeichnet: „Wenn Geilheit schwellt die Glieder, wolltest du da, wo die Magd, wo der Hausbursch dir zu Gebote steht, am Starrkrampf lieber zerbersten? Ich nicht: billig und willig gewährt, lob' ich den Genuß mir.“
Bei Lukrez klingt im Hymnus an die Venus eine höhere Auffassung an:

„... Mutter der Äneaden, der sterblichen Wonn und der Götter,
Venus, o du, die unter des Himmels gleitenden Lichtern
Auf das besegelte Meer und die fruchtreich strotzenden Lande
Freundlichen Glanz ausstrahlt: denn was da lebet und webet,
Wird durch dich ja gezeugt und schauet die leuchtende Sonne ...
... Sag ich es kurz: durch Meer und Berg und reißende Flüsse,
Weckst in der Brust du allen die süßen Gefühle der Liebe,
Daß es sie treibt, in Geschlechtern sich fort und fort zu
erzeugen.“

Tacitus hinterließ ein kennzeichnendes Urteil über den römischen Sexus: „Der echte Römer heiratete ohne Liebe und liebte ohne Feinheit und Hochachtung.“ Ebensonüchtern ist der Standpunkt des Zensors Metellus: „Wenn wir ohne Gattin leben könnten, so würden wir alle diese Last gerne entbehren. Aber da die Natur es so überliefert hat, daß wir weder mit ihnen bequem, noch ohne sie auf irgendeine Weise leben können, so muß man mehr für das immerwährende Wohl als für den kurzen Genuß sorgen.“ Dies war das Urteil eines glücklichen Vaters von vier Söhnen und zwei Töchtern. Lukrez schrieb nicht nur das Preislied auf die Venus, sondern auch Sentenzen robuster Entzauberung:

„Gleichergestalt täuscht Venus mit Bildern die Liebenden,
niemals
Können befriedigt sie werden, und stünde der Körper vor ihnen,
Können das Mindeste nicht abreiben den zärtlichen Gliedern,

Ob sie mit irrender Hand auch rings umsuchen den Körper."
„Denn sich von Anfang an gleich vor Amors Netzen zu
Wahren ist weit weniger schwer, als, wenn man darin sich
gefangen,
Sich zu befreien, zu zerreißen der Venus gewaltige Knoten."

Das ist das Ende einer Entwicklung, an deren Beginn die politische Versachlichung steht, die Cato vorgelebt hatte:

„. . . Nachkommenschaft gilt ihm allein als
Zweck der Liebe; der Stadt ist Vater, dem Staate Gemahl er,
Strenger Hüter des Rechts, der rauhen Tugend Bewahrer
Für das gemeine Wohl; und in die Handlungen Catos
Schlich mit ein und gewann Einfluß selbstsüchtige Lust nie."

(Seneca)

*

Das in seiner Einseitigkeit folgerichtige Vorbild des Cato hat auch der größte Herrscher Roms nicht mehr erreicht: Kaiser Augustus hat seine Ehegesetze nur verordnet, nicht vorgelebt: „Daß er häufig Ehebruch getrieben habe, stellen selbst seine Freunde nicht in Abrede, doch führen sie zu seiner Entschuldigung an, er habe nicht aus Wollust diese Buhlereien getrieben, sondern aus Klugheit, um desto eher die Anschläge seiner Freunde durch deren eigene Frauen zu erforschen" (Sueton) — eine echt römische Rechtfertigung.

Der klatschfreudige Sueton erzählt von Cäsar: „Daß er zur Wollust geneigt gewesen und sie teuer erkauft habe, wird allgemein behauptet, ebenso, daß er viele und vornehme Frauen verführte." Mit der griechisch gebildeten Ägypterin Kleopatra hatte Cäsar das oft geschilderte und folgenreiche Abenteuer: Tochter eines Bastards, mehr klug als schön, von unersättlichem Ehrgeiz besessen, spielte Kleopatra mit ihren Reizen, nach politischem Kalkül. Als Einundzwanzigjährige hat sie Julius Cäsar berückt und achtundzwanzigjährig den Antonius. Kleopatra und Antonius schwelgten in orientalischem Luxus: „Länder und Königreiche haben sie hinweggeküßt", berichtet ein antiker Schriftsteller. Oft beschrieben wurde Kleopatras Sieg über den Unbe-

siegbaren. Als der damals 52jährige Cäsar im November 48 v. Chr. mit seinem Stabe beim Weine saß, brachte plötzlich ein Mann ein Teppichbündel in das kaiserliche Gemach. Der Mann war kaum verschwunden, als sich dem Teppich knabenhaft schlank ein junges Weib entwand. „Sie kam, er sah — und sie siegte." (v. Cardthausen)
Es war ein Beispiel der allgemeinen Zerrüttung der römischen Ehe, daß Nero die Octavia, eine Tochter des Claudius, zunächst verstieß und dann ermorden ließ, um die Poppäa Sabina heiraten zu können. Mit Lastern, Mord und Intrigen hatte sie sich das kaiserliche Ehebett erobert und endete schließlich durch den Fußtritt des tobsüchtigen Nero.

Hetären und meretricis

Petronius, am Hofe Neros „arbiter elegantiae", Schiedsrichter des Geschmacks, hat uns besonders im Roman-Fragment „Satiricon" Sittenbilder der politischen und ökonomischen Parvenüs dieser Epoche hinterlassen, überladen mit Sexualismus.
Nicht Jupiter, Priapos ist der Gott der spätantiken Genießer. Eine üppige Dirnen- und Hetärenwirtschaft zersetzte die römische Kraft. Vorbei war für immer, was noch Seneca als „blonde Schamhaftigkeit" gepriesen hatte. Die römischen Hetären, die „bonae meretricis", haben ihre griechischen Vorbilder an musischer Grazie unterboten wie an Lasterhaftigkeit übertroffen. In den Badehäusern und Tavernen wucherten die Sumpfpflanzen der Prostitution. Mutterschaft galt als Schande oder Dummheit. Schon gab es „Matronae", die sich als Dirnen registrieren ließen, um ihren Ausschweifungen zügellos frönen zu können.
Die Leichtigkeit der Ehescheidung und die soziale und politische „Emanzipation" der Frauen hat wie überall mit der Familie auch die Würde der Römerin untergraben. Sogar der Faustina, Gattin des Marc Aurel, wird nachgesagt, sie habe sich Gladiatoren hingegeben und der Rohling Commodus sei die Frucht solcher Laster. Von der bereits genannten Poppäa berichtet Tacitus: „Dieses Weib besaß alles, nur keine sittlichen Grundsätze. Sie

war reich genug, um den Glanz ihrer Geburt und gesellschaftlichen Stellung aufrechtzuerhalten, ihre Unterhaltungsgabe gewann ihr alle Herzen, ihre geistigen Anlagen waren höchst bedeutend. Sie verstand es, die Außenseite der Sittlichkeit zu wahren, während sie insgeheim sich einem sittenlosen Leben hingab . . . Ihren Liebhabern gewährte sie dieselben Rechte wie ihren Ehemännern, aber nie ward sie dabei von ihrer eigenen oder fremden Neigung beherrscht: nur der Vorteil war es, der über den Genuß der Sinne entschied."

Messalina, Gattin des Cäsars Claudius, wurde das höfische Vorbild der mänadischen Weiber. Wenn die zeitgenössischen Berichte stimmen, hat sie mit Silius öffentlich koitiert. Es wird von einer Nacht erzählt, in der sie 27 junge Athleten verbrauchte, ohne ihre maßlose Gier zu sättigen.

Zwar galt die sich prostituierende Frau als ehrlos und mußte über ihrer Unterkleidung die Toga der Männer tragen; doch das konnte die Zunahme der Prostitution kaum verhindern. Sie war auch in Rom nicht ein Laster der Spätzeit, sondern ihr Überwuchern. Die römischen Bordelle lagen in der zweiten Region der Stadt, in der „suburra". In Pompeji sind noch heute „lupanaris" erhalten, kleine halbdunkle Kämmerchen, mit obszönen Bildern dekoriert, unhygienisch und primitiv. Die Bewohnerinnen dieser Lusthöhlen waren gekaufte Sklavinnen, im Besitze des „leno" oder der „lena". Seneca beschreibt einen Mädchen-„Markt": „Nackt stand sie da am Gestade zur Kritik des Käufers, alle Teile ihres Körpers wurden besichtigt und betastet. Wollt ihr den Ausgang des Kaufes wissen? Der Seeräuber verkauft sie, der leno kauft sie. Die Seeräuber haben sie geschont, um sie dem leno zu verkaufen. Der leno hat sie gekauft, um sie zu prostituieren."

*

Die römische Hetäre verfügte trotz einiger Bildung nicht über den musischen Charme einer Aspasia: Paldamus nennt ihre römische Spielart einen „Mittelstand" zwischen der vornehmeren und der niederen Welt, der mater familias und der meretrix, nicht so ehrlos wie diese und nicht so ungebildet wie jene.

Hetären waren Schauspielerinnen, Tänzerinnen, die niedrigeren Musik- und Hafenmädchen. Auch ein Sulla und Cicero verschmähten sie nicht, und die Philosophen waren Freunde gebildeter Hetären.

In der sechsten Römer-Ode beklagt Horaz die sexuelle Entartung:

„An Lastern furchtbar fleckte der Zeitlauf
Zuerst den Ehbund, Häuser und Stammgeschlecht,
Aus diesem Urquell abgeleitet
Strömt dem Lande und Volk Verderbnis,
Den Buhltanz lernet herangereift
Mit Lust die Jungfrau, übet in Künsten sich
Schon jetzt, und auf unkeusche Liebschaft
Sinnt sie von zartestem Wiegenalter.
Bald jüngere Buhlherrn suchet sie unter dem
Weihmal des Mannes; wählet auch sorglich nicht,
Wenn eilends sie nach fortgeschafften
Lichtern verbotene Lust gewährt.
Nein, offenbar, nicht ohne des Manns bewußt
Geheißen, steht sie auf, ob ein Krämer, ob
Hispanschen Barkschiffs Herr sie rufe,
Teuren Preises die Schand erkaufend."

Herrschsucht und Ausschweifung schienen sich in diesen Weibern wechselseitig zu steigern: Plutarch berichtet von der Fulvia, es sei ihr bei Antonius gelungen, „über einen Herrscher zu herrschen und über einen Feldherrn zu kommandieren". In der späten Kaiserzeit dominiert dieser Typ: die jüngere Agrippina, die Mutter des Nero; Julia Domna, die Mutter des Caracallas; Julia Maesa, die Großmutter des Elagabal.

*

Neben ungehemmter Sexualität wucherten tropisch alle vorstellbaren Perversionen bis zum öffentlichen Koitieren mit Tieren.

Paldamus behauptet in seiner bereits 1833 erschienenen „Römischen Erotik", keine Schriftsprache sei so reich an Wörtern zur

Bezeichnung der krudesten physischen Geschlechtsbeziehungen wie die ältere römische. Beweise dafür wären die alten Glossarien. Es seien Wörter, welche einer geistreichen, anmutigen Frivolität ermangelten und nur dumpfe Sinnlichkeit an sich trügen. Paldamus glaubt, hier habe sich die mangelnde Menschlichkeit der Römer gerächt. Als „mit den eindringenden Griechen und Asiaten" die alten Bande der Sitten und Gesetze fielen, hätten die kaum gezügelten Leidenschaften alle Schranken durchbrochen und den Römern den Ruf verliehen, auch hierin einzig dazustehen.

Dieser Grad eines dschungelhaften Sexualismus ließ sich kaum noch überbieten. Er mußte in sein Gegenteil umschlagen: in die Askese. Es entstand eine ähnlich kulturgeschichtliche Krise wie im entarteten Hellenismus. Dort lagen die geistigen Motive für diesen Wandel schon bereit im orphisch-platonischen Dualismus. In seinen mittleren Jahren hat Platon geradezu Sinnenfeindschaft gelehrt:

„Die Sinne erfüllen uns mit Wollust, mit Begierden, mit Furcht und bunten Lügen und viel Geschwätz, so daß wir ihretwegen in der Tat nie recht, wie man sagt, zur Besinnung kommen. — Solange wir leben, werden wir, scheint es, der Erkenntnis am nächsten kommen, wenn wir uns dem eigenen Leib soviel wie möglich entfremden und die Sinne, wo nicht unbedingte Notwendigkeit uns an sie bindet, verleugnen, und uns mit deren Kraft nicht füllen, sondern uns vom Fleische rein halten, bis Gott uns selbst erlöst. Dann erst, gereinigt und ledig der Torheit des Leibes, dürften wir uns wohl zu unseresgleichen gesellen und aus uns selbst unmittelbar klar alles erkennen: und das ist dann vielleicht die Wahrheit. Denn nur wer rein ist, darf das Reine berühren." (Phaidon)

Plotin, Platons Epigone, ein Anti-Hellene, hat sich dann folgerichtig seines eigenen Leibes geschämt. „Fremde Tropfen im griechischen Blute" nannte Erwin Rohde solche Bekenntnisse eines lebensfeindlichen Dualismus. Wie alles in Rom, war auch der Umschlag zur Askese roher und formloser. Auf den sexuellen Naturalismus folgte die Weltverfluchung, nach Petronius kam Paulus.

So stark wirkt die Antike immer noch bis in unseren Alltag hinein, daß wir keine juristische Entscheidung fällen, ohne uns auf Gesetze der römischen Rechtsschöpfer zu stützen. Die Ordner des Abendlandes haben auch einen Kodex der Sexualität hervorgebracht. Auch diese „Gesetze“ und Regeln sind heute noch anzuwenden wie vor zweitausend Jahren; unverwelkt lebt auch weiter ihre künstlerische Form.

Was ihm seine Zeit und das griechische Erbe an kultureller Überlieferung boten, hat der junge P. Ovidius Naso spielend erworben, um es verfeinert und bereichert weiterzuschenken an kommende Generationen. Ovid lernte von den Alexandrinern, und auch Katull, Tibull und Properz hat er oft nachgeahmt. In diesem Sproß einer alten Ritterfamilie aus Sulmo lebten noch die Formkräfte römischer Tradition. Der Spätgeborene aber tändelt mit dem Leben und das Leben mit ihm. Sein dichterisches Genie stellt ihn neben Vergil und Horaz, doch wo jene die Gesetze römischen Lebens künstlerisch verklären, entschwert er es zum Spiel und seine Gesetze zu Spielregeln. Nicht Eros oder Aphrodite, Amor und Venus dient seine Kunst.

Nach Motiven alexandrinischer Dichter gestaltend, gerät er öfter an die Grenze des Obszönen. Doch die Schönheit seiner Verse ließ auch Moralisten verstummen:

„Ich riß ihr ab das Gewand, und das lockere hinderte wenig.
Aber sie kämpfte doch, daß sie bedecke das Kleid.
Und da wie eine, die selbst nicht siegen wollte, sie kämpfte,
Ward sie durch eignen Verrat ohne Beschwerde besiegt.
Wie sie vor meinem Blick nun dastand ohne Verhüllung,
War an der ganzen Gestalt nirgends ein Fehler zu schaun'n.
Welche Schultern erblickt und berührt ich, was auch für Arme:
Wie zum Umspannen geschickt waren die Brüste geformt.
Unter der festen Brust wie war der Leib ihr so eben.
Was für Hüften, wie war jugendlich kräftig das Bein.
Ach, und an meinen Leib drückt ich die Nackende fest.
Wer wüßte nicht den Rest...“

Im jugendlichen Dichter spricht noch der spätgeborene Ritter, der, römisches Schicksal verkörpernd, nach Jahrhunderten imperialer Taten im Genuß schwelgt:

„Lasse der Krieger die Brust mit Feindesgeschossen bedecken,
Und durch sein Blut erkaufe ewigen Namen er sich.
Suche der Geizige Schatz und der Schiffer trinke versinkend
Mit meineidigem Wunsch, daß er ermüdet das Meer.
Mir aber sei es bestimmt, durch der Liebe Spiel zu ermatten,
Und einst löse der Tod mitten im Werke mich auf.
Und möcht einer, der weint an meiner Leiche, dann sagen:
Deinem Leben gemäß ist auch gewesen dein Tod."

Während der schwersinnige Augustus in nie ruhender Sorge die römische Ehe und Familie durch drakonische Gesetze zu retten versuchte, überspielte ihn der Dichter. Der Herrscher konnte sich in seinem Machtwillen täuschen über die noch verbliebene römische Kraft; Ovids Künstlerseele erfühlte das Ende. Er genießt sein Jahrhundert, weil er nichts Höheres mehr erhofft.

Die Gesetze des Augustus kamen zu spät, Ovids Spielformen der Libido regieren immer noch und überall, wo der Luxus ein reiches Dasein verwöhnt. Wie er selbst in der Einleitung sagt, habe er seine ars amandi nicht für junge Mädchen und züchtige Matronen geschrieben. „Neckisches Spiel, nicht heroische Tugend gilt es zu lehren." Doch auch sein Spielerisches zeigt noch gesunde Kraft. Perverses und Morbides sind vermieden: Eine Frivolität, die das Obszöne verschmäht, wahrt die Regeln des Geschmacks, die auch in der Sexualität den Aristokraten vom Parvenü unterscheiden.

*

Das Griechische war in Rom die Sprache der Galanterie wie das Französische im 18. Jahrhundert. Erst Ovid hat dem Lateinischen diese Eleganz abgewonnen und seine Liebeskunst in verfeinerter Wortkunst gelehrt.

Wer das Leben aus spielerischer Kraft meistert, fürchtet die

Götter nicht. Ovid hat ihnen alles Drohende lachend widerlegt: Und wo er sie anruft, antwortet ihm nur sein eigenes Echo. Die Mythologie löst er auf in Allegorie. Sie ist ihm nur noch ein stilistisches Mittel der Veranschaulichung und oft bloß der Ausschmückung. Die Götter sind nicht mehr die Gesetzgeber der Moral, umgekehrt, ihr Beispiel hilft moralische Hemmungen überwinden. Der Dichter herrscht über den Liebesgott.

„Keck wird Amor, der Bursche, sich gegen mich sträuben.
Doch ein Kind ist er nur, und Kinder bändigt ein Lied."

Das ist nicht mehr Sappho, die unter der Gewalt des Eros wie vor dem Tode erbebt. Zwar empfiehlt Ovid die Verse der Griechin im Spiel der Verführung. Doch ihm ist Amor nur noch Mitspieler:

„Amor, so zähme ich dich, ob auch dein Pfeil mich verwundet,
Ob du Schelm, mich zu schrecken, die Fackel auch schwingst.
Je schlimmer du wütest und brennst, arglistiger Knabe,
Desto mehr will ich strafend das Mütchen dir kühlen."

Auch Venus ist zur göttlichen Gespielin geworden, die Kunst der Verführung zu erleichtern, wo weibliches Schamgefühl noch zögert:

„Will sich die Sterbliche sträuben, wenn eine Göttin sich hingibt?"

Der Dichter der römischen Spätkultur widerlegt die Götter nicht, er gibt sie der Lächerlichkeit preis. Man sollte diesen Frevel, den Ernst des Daseins zu überspielen, nicht als Schwäche deuten. Auch dies beweist Kraft, über Abgründen zu tanzen. Daß hier ein freier Geist das Leben aus eigener Stärke bewältigt, zeigt Ovids Widerwillen gegen alle orientalisch-etruskische Magie, die ihm seine Umwelt auch für den Sexus anbietet. „Rechne nie auf ein Wunder", lehrt er die jungen Römer. Es ist nicht nur eine Absage an den Liebeszauber, wenn er vor den Eingeweide-Deutern und Wahrsagern warnt:

„Irriger Wahn ist's, thessalische Hexen zu fragen,
Oder mit Opferblut geheimste Dinge zu treiben."

Kräuter und Zaubersprüche verschmäht er als Mittel der Verführung, und brüsk fordert der sonst so geschmeidige Dichter:
„Fort mit dem giftigen Zeug, das bös die Sinne verwirrt!"

*

Moralische Skrupel indes kennt sein Lehrgedicht kaum. Der Verführer solle immer alles versprechen. „Versprechen kostet dich nichts!" Auch falsche Schwüre erlaubten die Götter ... „Jupiter lächelt des Meineids aus werbendem Mund." Treue und Freundschaft wären leere Worte „zur rohen Musik des tuskischen Flötners". Und wo Ovid an Sitten und Gesetze mahnt und an „tiefbegründete Scham", geschieht es nie ohne Ironie. Balzendes Getändel erlaubte die Erniedrigung:

„Trage ihre Schelten, und Schläge laß dir gefallen,
Aber versäume nicht, das zarte Füßchen zu küssen."

Daß auch den Künsten der Libido das Herbe nicht fehlt, weiß der galante Römer: Weniger Muscheln habe der Strand als Leiden die Liebe, und was sie an Gaben uns schenke, tauche sie ein in Bitterkeit.

Die Frauen seien gegen Amor wehrloser als die Männer:

„Eher jagt der furchtsame Hase den fliehenden Jagdhund,
Als daß mit Willen ein Weib verzichtet auf Liebe."

Ovid fehlt die Ehrfurcht vor den seelisch-geistigen Werten der weiblichen Persönlichkeit: „Nur die ist keusch, um die keiner wirbt." Furchtbar und glühend sei die Begierde des Weibes, eine Sinne verwirrende Flamme, „keine Gewalt hält sie auf, züngelt frei sie empor". Eine Ahnung des Dämonisch-Weiblichen unterbricht manchmal das tänzerische Gedankenspiel: Eine hungernde Löwin und eine getretene Schlange seien weniger schrecklich als ein betrogenes Weib. Seine Verse verraten eine Seelenkennerschaft der Geschlechter, die dichtend aussagt, was die Tiefenpsychologie heute mühsam erforscht. „Liebe“ sei Kunst, nicht Wissenschaft:

„Kunst hält beim Fahren die Zügel. Kunst spannt das Segel,
Also leite und führ auch in der Liebe die Kunst!“

Freilich ein fast sportlicher Begriff von „Kunst“. Und doch: welch ein Abstand zwischen dem Lehrgedicht des Ovid und der Sex-Statistik des Kinsey!

In seiner Spätlese der Sinnenfreuden und Verführungskünste erhebt Ovid die sexuellen Genüsse zum epikureischen Selbstzweck. Er zelebriert einen Sexualluxus ohne biologische und ethische Bindungen. Nur Blüten möchte er pflücken, sorglos gegen Boden, Saat und Zucht: nichts Heroisches altrömischer Haltung, aber auch keine asketische Verkrampfung, Ekstase oder Perversion.

Das saturierte Rom hörte nur noch von ferne von Kriegen, die seine Söldner ausfochten, selbst schwelgte man im Luxus von Geld, Küche, Wein und Sexus. Ovid feiert diese Zeit:

„Freilich hätte zur Zeit des Tacitus nimmer ein biederes
Weib aus Sabinum zugleich mehrere Männer geküßt.
Doch heute klirren nur noch in entlegenen Ländern des
Kriegsgottes
Waffen, im glücklichen Rom herrscht Cythera allein.“

*

Noch im raffinierten Selbstgenuß spätrömischen Lebens wirken Motive einer ritterlichen Kultur. Mitten im hellenistischen Getändel steht sein Römerwort:

„Liebe ist Kriegskunst. Feiglingen bleibt sie verschlossen,
Mutlos Gesindel wagt nicht, ihre Fahne zu halten.“

Ein Ritter hat das Schwert mit der Feder vertauscht, um Roms Frauen und ihren Reizen zu huldigen: „Hier blüht alle Anmut der Welt.“ Für sie hat er auch noch ein Lehrbuch der Kosmetik verfaßt. Ratschläge für Schönheitspflege sind bereits in die „ars amandi“ eingestreut, wo er Roms Frauen empfiehlt, ihre Reize mit allen Hilfen der Natur zu steigern, zum

Beispiel ein Grau der Haare oder ein häßliches Braun „mit germanischen Kräutern“ in ein „entzückendes Rotblond“ zu verwandeln, den modisch gewordenen Farben der nordischen „Barbaren“.
Daß ein Künstler von diesem Range seine dichterische Kraft Amor geweiht hat, kultiviert spätrömische Sexualität. Vergleicht man jedoch Geist und Können dieses Mannes mit dem Ertrag seines Einsatzes, so bleibt ein Ungenügen, das Gefühl frevlerischen Verschwendens. Kraft wird verspielt, die vielleicht zu Höherem geboren gewesen wäre. In der Schule der Rhetorik früh verweichlicht, vom Reichtum verwöhnt, hat er seinen Charakter nicht gestählt und sein dichterisches Genie lieber virtuos vertändelt als in Werken höherer Kunst vollendet.

*

Als Absicherung gegen seine Kritiker verfaßte Ovid auch noch das Lehrgedicht „Heilmittel der Liebe“, weil „manche sein jüngstes Büchlein getadelt und ihm seinen leichtfertigen Ton vorgeworfen“ hätten.
Publius Ovidius Naso, seiner starken Nase verdankt er den Beinamen „Naso“, war dreimal verheiratet: zunächst unglücklich, erst die dritte Heirat mit einer jungen, vornehmen Witwe brachte ihm eheliche Harmonie. Wenige wissen, daß der Dichter der ars amandi ein zufriedener Ehemann geworden ist:

„Glauben Sie mir, meine Sitten sind von meinen Gedichten verschieden. Züchtig ist mein Leben, scherzhaft meine Muse. Ein großer Teil meiner Werke ist ersonnen und erdichtet und hat sich mehr erlaubt als ich, der Verfasser. Auch ist ein Buch kein Merkmal der Gesinnungen, sondern ein anständiges Vergnügen, das sehr vieles enthält, was die Ohren zu kitzeln geeignet ist.“

Lange hatte ihn das Glück verwöhnt. Plötzlich schlug das Verhängnis zu. Durch höfische Intrigen in den Skandal um den

Ehebruch der jüngeren Julia verstrickt, wurde Ovid wie diese durch Augustus verbannt. Mitten aus dem dolce vita des augusteischen Rom in eine „Barbarenstadt“ am Schwarzen Meer verschlagen, nach Tomi (heute Konstanza), erlebte er nur noch eine Elegie seines Schicksals — und starb, ohne sein Rom je wiedergesehen zu haben. Den Menschen hat Augustus geschlagen, Ovids Werk stirbt nicht, solange Amor lebt.

Überragende Größe hat Ovid nie erreicht, auch nicht erstrebt. Sein Hauptwerk, die „Metamorphosen“, hat er im Zorn über die Verbannung ins Feuer geworfen; es blieben indes Abschriften erhalten, die dann Boccaccio im „Decamerone“ nachahmte. Auch eine Tragödie hat Ovid verfaßt, „Medea“, die, berühmt in seiner Zeit, leider wohl für immer verloren ist. Vielleicht würde sie uns jenen Ovid offenbaren, der sich nur selten unter der Oberfläche spielerischer Verse verrät. Einer der größten Rhetoren Roms, Quintilian, kannte den ganzen Ovid und hat wohl ein endgültiges Urteil über ihn gefällt: „Ovids Medea beweist, was dieser Dichter hätte leisten können, wenn er sein Genie hätte zügeln wollen, statt seinen Neigungen nachzugeben.“

So hat Ovid sich nur in der leichten Muse verewigt; die opera buffa hat ihn beerbt. Wo immer sich der europäische Geist wenn nicht im Ernst, aber im Spiel von Sinnenfeindschaft und Muckertum befreite, wurde auch Ovid gefeiert, besonders im europäischen Rokoko. Schon 1490 hat ihn ein Hartlieb verdeutscht — und verteutscht. Von Paris wanderte Ovid nach Petersburg, und in Katharina II. — gleich mächtig im Geist, in der Politik und im Sinnengenuß — fand der Günstling der Frauen die ebenbürtige Verehrerin. Die Zarin entdeckte und schmückte sein verlassenes Grab bei Tomi am Ufer des Schwarzen Meeres.

Der junge Wieland hat einen „Anti-Ovid“ geschrieben, später aber im Leben und Dichten widerrufen. Immer wird Voltaires Urteil bestehen: „toujours Ovide charmera . . .“ Der Kaiser hatte den Menschen Ovid verbannt, das Oberhaupt der klerikalen Hierarchie, der Papst, hat sein Werk verketzert. Als einzige Dichtung des heidnischen Altertums kam Ovids Lehrgedicht der Liebeskunst auf den vatikanischen Index der verbotenen Bücher.

Römische Liebeslyrik

Die Bewunderung für den Dichter kann nicht den ethischen Einwand beschwichtigen: Bei Ovid gilt der Geschlechtsgenuß als Selbstzweck. Dem spätrömischen Manne war Lebensgenuß Lebensinhalt geworden. Das rückt Ovids unsterbliches Werk in die Nähe des lucullischen Lehrbuches der Kochkunst. Als Lucullus starb, war Ovid 38 Jahre alt. Auf den Poeten des Lebensgenusses folgte der Dichter der Verführungskunst. Nur in lucullischem Klima konnte diese Technik und Ästhetik des „Liebesspieles“ reifen. Wie sich aber der tapfere und tüchtige Feldherr Lucullus von den charakterlosen Parvenüs späterer Generationen unterscheidet, so groß ist auch der Abstand zwischen dem musischen Genießer Ovid und den stillosen Ausschweifungen und Perversionen der ihm folgenden Geschlechter. Bei ihnen wird die ars amandi zum Raffinement süchtiger Triebhaftigkeit.

Eine Gestalt ragt auch noch unter den Jüngern des Priapos imponierend hervor, der Schiedsrichter des guten Geschmacks in neronischer Zeit: Petronius. Tacitus berichtet in den „Annalen“: Petronius sei ein Mann gewesen, der den Tag mit Schlafen, die Nacht mit Visiten und Vergnügen verschwendete. Wie andere durch ihre Tätigkeit, so sei er durch Nichtstun berühmt geworden. Petronius habe man hingegen nicht, wie so viele, die ihr Vermögen vergeudeten, für einen gemeinen Schlemmer und Verschwender gehalten, sondern als den Meister raffinierten Wohllebens bewundert.

Durch Nero zum Freitod gezwungen, ließ Petronius sich die durchschnittenen Adern nach Laune verbinden und öffnen, mit seinen Freunden sorglos plaudernd und sie mit leichtfertigen Stegreifgedichten unterhaltend. Er befahl noch, die Diener nach Verdienst zu peitschen oder zu beschenken, und beendete, sich schlafen legend, unbekümmert sein Leben — nicht ohne vorher noch einen Bericht über Neros Ausschweifungen verfaßt zu haben.

Gurlitt, der Petronius bewundert, preist seinen Stil: Er sei allem Bombast der Rede, aller rhetorischen Aufgeblasenheit und Verstiegenheit der Prosa und Dichtung entgegengetreten mit seiner verblüffend heiteren Ehrlichkeit und Wahrhaftigkeit. Er habe das Obszöne kultiviert und nirgends einen Gedanken an „Sünde“ aufkommen lassen. „Lieben ist der Zweck des Lebens . . .“ Nach seinem horazisch-epikureischen Prinzip habe er sein Dasein vollendet.

Petronius hat Lukrez, Horaz, Vergil, Homer, Sophokles, Thukydides, Demosthenes gekannt und ausgewertet, Demokrit, Phidias und Apelles verehrt. Gurlitt schildert ihn als frei von allem Spuk- und Wunderglauben, skeptisch gegenüber den Lehren der alten Volksreligionen, doch ohne Aufklärungseifer.

Nietzsche behauptet: Ein Christ hätte im Vergleich zu diesem Glücklichen ein für allemal die Unschuld verloren. Petronius habe im Grunde nichts getan, gesagt, gewollt und geschätzt, was nicht „nach einem christlich-muckerischen Wertmaß“ Sünde, Todsünde sei. Dennoch: „welches Wohlgefühl in der reineren Luft der überlegenen Geistigkeit . . .“

Allgemein wird der psychologische Scharfblick des Petronius gerühmt und sein charmanter Spott. „Seine Sittenbilder sind das Vollendetste dieser Art.“ (Gurlitt) Petronius wurde — wie Ovid — einer der Lieblingsautoren der Gesellschaft des 18. Jahrhunderts.

Seiner naturalistischen Weltanschauung, an Lukrez gebildet, entspricht der Naturalismus im Sexuellen. Das Triebhafte wird verschönt, jedoch nicht veredelt.

Als Prokonsul von Bithynien und späterer Konsul wirkte er wie eine selbstsichere, überlegene Persönlichkeit. Der Gegentyp des Muckers, ist er zwar einseitig wie dieser, aber kraftvolle, unbekümmerte Natur. Daß ihm auch lyrische Töne gelungen sind, zeigt eine Probe:

„Wie einst von Idas Gipfel Blumen streute
Die Mutter Erde, als Zeus sich liebend fand
Mit Juno, ganz in Liebesglut die Herzen —

Da glänzten Rosen, Veilchen, zartes Cyperon,
Die Lilie lachte weiß auf grüner Au —
So lag ich lieberglüht im weichen Grase,
und strahlend sah der Tag auf unser Glück."

*

Das Unmaß der Laster führte notwendig zum Gegenschlag der Askese. Wenn Justinian später die Homosexualität durch Todesstrafe ausrotten wollte, so war das ein Zeichen für den Grad spätrömischer Entartung wie für das Vordringen einer religiös fanatisierten Sex-Feindschaft.

Keine Sappho, nur eine Lesbia hat Rom hervorgebracht. An ihr hat sich der dichterische Genius des Katull entzündet, und ihr Ende wurde ein Gleichnis des Niedergangs der römischen Kultur. Katull, 87 v. Chr. in Verona geboren, war wohl der am meisten zeitnahe römische Lyriker. Der schönen, begabten, sittlich aber morbiden Lesbia, der Schwester des Abenteurers Clodius, hat er seine Kunst geweiht, ohne in Form und Motiv die griechischen Vorbilder zu erreichen. Die hellenische Anmut ist jetzt für immer entschwunden. Alles wird bunter, gröber, plebejisch.

Als seine vergötterte Lesbia in der Gosse endet, wirft er ihr Schmähverse nach:

„Unsere Lesbia, Cälius, meine Lesbia,
Jene Lesbia, die Katull geliebet
Mehr als alle die Seinen und sich selber,
In den Winkeln und auf der Gasse steht sie
Nun und schröpft des erlauchten Remu Enkel."

Im Untergang des Imperiums blüht die erotische Lyrik auf bei Katull, Properz, Ovid und Horaz. Schlichter, wohl auch lebenswahrer als sein Freund Vergil, wie dieser im Dienste des Augustus, erscheint Horaz. Nie war er „jung" wie Katull, stets klug, abgeklärt. Sein laues Verhältnis zur Frauenliebe bekennt er deutlich genug: Man solle „der Jagd nach Frauen" nicht soviel Kraft opfern, bei denen man mehr Mühsal schöpfe und Verdruß, als Genuß sich zu pflücken. Eine Buhlerin genüge auch, bequemer und besser:

„Hat erst diese den Leib mir links an die Seite
geschmieget,
Ilia nenn ich sie dann und Egeria, wie es mir
einfällt,
Während die Lust sorglos, ob der Mann heimkehre
vom Lande . . .“

Das ist Erosferne, genießerischer Kalkül müde werdender Spätlinge: Das große Erleben wird nicht mehr gesucht, weil man dem Wagnis ausweicht.

Horaz unterstützt dennoch mit seiner Dichtung Carmina den Kampf des Augustus gegen diesen Zerfall der altrömischen Gesittung: „Schuld aus Schuld erzeugend, hat der Zeiten Geist die Ehe zuerst und das Blut verderbt und die Zucht des Hauses; aus diesem Quell geleitet, hat Unheil sich über Vaterland und Volk ergossen . . .“

*

Properz ist vierzigjährig gestorben. Wie Katull die Lesbia, liebte er noch unglücklicher seine „Cynthia“, die eigentlich Hostia hieß. Im Unterschied zu seinem Freunde Ovid hat Properz die Leidenschaft in allen Tiefen und Höhen besungen. Er ist an der großen Enttäuschung nicht zerbrochen wie Katull, hat verzichtet und überwunden in der Hingabe an geistige Ziele.

Selbst zur unbedingten Treue bereit, verschwendet er sein reiches Herz an Cynthia, eine Dirne, die mit ihrer Mutter in der Subura wohnt. So sehr beherrscht ihn seine Leidenschaft, daß er von der Angebeteten keine Treue fordert. Dirne und Hetäre, gleich begabt und gebildet in Tanz, Gesang, Saitenspiel und Dichtung, befeuert sie ihn stets erneut zu abgöttischer Bewunderung:

„Mächtige Schönheit ist dein und die Künste
der züchtigen Pallas,

und vom geehrten Ahn strahlet dir glänzender
Ruhm."

Das Verhältnis der beiden dauerte etwa fünf Jahre, immer blieb sie die Herrin seiner Leidenschaft, ihre Gunst nach Laune gewährend, versagend. Beide fürchteten, durch die Gesetze des Augustus getrennt zu werden:

„Du warst wohl froh, als das Gesetz beseitigt,
Bei dessen Drohn wir beide lang gebangt:
Es könnt' uns scheiden, zwar vermöcht' auch Zeus nicht,
Zwei Liebende zu trennen, die nicht woll'n.
Doch groß ist Cäsar, — o, nur groß im Kriege . . ."

Hier spricht ein Gesinnungswandel, der Vorrang der individuellen Passion gegenüber den Forderungen des Staates.
Der Bruch mit Cynthia wurde dennoch unvermeidbar. Properz rafft sich auf zur verzichtenden Entscheidung:

„Treu und gehorsam hab ich dir nun fünf Jahre gedient.
Tränen entlockt mir die Trennung: Doch Tränen besieget
dein Unrecht."

Goethe konnte diesem Dichter innerlich begegnen: „Ich habe den größten Teil der Elegien des Properz wieder gelesen, und sie haben eine Erschütterung in meiner Natur hervorgebracht . . . eine Lust, etwas Ähnliches hervorzubringen . . ."

*

Keiner hat deutlicher die gefährlichen Folgen von Reichtum und Luxus für die römische Gesittung erkannt als Martial, ein Dichter keltisch-iberischer Abstammung:
„Des so lang andauernden Friedens
Übel erdulden wir jetzt. Das Verderben der Sitten, ein Feind viel
schlimmer denn Krieg, herrscht jetzt und rächt den
bezwungenen Erdkreis.

Jegliche Art von Verderben und Wollust stellt sich ein, seit Rom nicht mehr arm ist.“

Im Symbol des Gegensatzes von Karthago und Rom hat Vergil, der größte Dichter des Imperiums, das Drama zwischen Orient und Europa gestaltet. Die Liebe der Dido zeigt das in römischer Dichtung seltene Bild der Allgewalt des Eros:
„Aber die Königin, längst von heftiger Liebe verwundet,
Nährt ihr blutendes Weh und vergeht an heimlicher Flamme.
Oft bedenkt sie die Tugend des Mannes, oft wieder den Adel
Seines Geschlechts, fest haftet im innersten Busen das Antlitz,
Fest sein Wort, und die Pein vergönnet nicht Ruhe den Gliedern.“
. . .
„Es zehrt die geschmeidige Flamme fort im Mark, und geheim
Lebt unter der Brust die Wunde.“
. . .

Endlich scheint die Erfüllung gekommen:
„Angelangt sei Äneas, ein Mann von troischer Abkunft,
Dem sich als Weib zu gesellen die reizende Dido gewürdigt,
Nun durchschwelge das Paar, uneingedenk ihrer Herrschaft,
Ganz den Winter in Pracht unlöblicher Lüsternheit frönend.“

Zum Unsterblichen europäischer Dichtung gehört dann der Kampf zwischen Eros und Ethos im Herzen und Gewissen des Helden:
„Schicksal hemmt, und ein Gott verschließt die Ohren des Freundes.
Wie wenn der stämmigen Eiche uralt aufragender Kernwuchs
Alpenstürme des Nords, hierhin arbeitend und dorthin,
Auszudrehen, anringen mit Macht; laut saust und hochauf
Streu'n des erschütterten Stammes abfallende Zweige den Boden;
Doch sie haftet im Felsen, und wie weit ihr Haupt zu des Äthers

Lüften sie hebt, gleich weit in den Tartarus streckt sie die Wurzel:
So wird immer der Held dorther mit Worten und daher
Angedrängt, und fühlet in großem Herzen den Kummer;
Doch fest bleibet der Sinn; nur nichtige Tränen entrollen."

Als die einzigartige dichterische Gestaltung der „geistigen Überwindung des Orients" rühmt Bachofen dieses Epos. Die punische Dido, Tyrierin, erscheine ganz in der Natur des orientalischen Königsweibes, den Mann durch buhlerische Künste beherrschend. Das Asiatische gehe aber vor der Ankunft des troischen Helden an der Tibermündung zugrunde ... Da ereigne sich „die Emanzipation der römischen Welt aus den Fesseln der orientalischen Tradition".
Dies war ein leider nur vorübergehend gültiges Urteil des genialen Deuters der Antike. Damals war den Römern die Äneassage das Buch ihres Schicksals. In der Spätzeit aber hat dann doch wieder Dido gesiegt, und Äneas erlag ihren Lüsten.

Priapos regiert

Die gewissenlose Erleichterung der Ehescheidungen führte zu Zuständen, daß, wie Mommsen berichtet, in einem Falle ein Mann als 23. Gatte seine 21. Ehefrau heiratete. Mit der Lockerung der ehelichen Bande hat die Römerin mehr an Würde verloren als an Freiheit gewonnen. Jener Herrscher, der wie keiner vor ihm die Wiedergeburt altrömischer Gesittung erzwingen wollte, Augustus, hat selbst die heilsamen Bindungen zerrissen, damals, als er den Thron des Imperiums einem Weiberregiment auslieferte. Er hat das patriarchale Baugesetz der römischen Familie gebrochen, weil er seine Gattin, Livia Drusilla, im Testament zur Mitregentin des Tiberius, zur Julia Augusta erhob. Damit wurde im männlichsten Staate der Reigen der „Augustae" begonnen und so das Patriarchat an höchster Stelle gefährdet. Vergeblich hatte Cato gewarnt. Seine Vorhersage der Folgen einer maßlosen Emanzipation hat sich schlimmer bewahrheitet, als er selbst es ahnen konnte. Es war eine imperiale Tragödie, daß die im Persönlichen glückliche Ehe des Augustus zu dieser politischen Fehlentscheidung führen mußte. „Die Liebe zu Livia ist die letzte Ursache für den Fehlgriff des überalterten Mannes.“ (Kornemann). Dennoch bleibt es in hohem Sinne symbolisch für den Rang der Frau in der römischen Ehe, wenn einer der größten Herrscher aller Zeiten — den Tod wie ein stoischer Weiser erwartend — mit den Worten aus dem Leben scheidet: „Livia, gedenke unserer glücklichen Ehe und lebe wohl ...“

*

In der gleichen Epoche paarte sich die rasende Messalina wahllos mit Sklaven, Matrosen und Gladiatoren jeder Herkunft. In der verstädterten Masse verbreiteten sich religiöser Sexualismus und etruskische Dämonensucht. Das Wort „amor“ soll aus dem Etruskischen stammen, und was im späten Rom mit diesem Begriff umschrieben wurde, erklärt diese Abkunft auch inhaltlich.

Mommsen spricht von der „Revolution“, die der orientalisierte Hellenismus im Leben und Denken der Römer angerichtet habe. Dieser Einbruch hätte sich nicht so leicht vollziehen können, wäre ihm nicht im ligurischen und etruskischen Teil der Bevölkerung der Boden vorbereitet gewesen. Ob Schuchhardt die Etrusker als „Rest eines alten Mittelmeervolkes“ ansieht, Pfister in ihnen die „Mischrasse einer mediterranen Urbevölkerung“ erkennen will oder schon Seneca behauptet: „Asien hat Anspruch auf die Etrusker ...“ — immer wird bestätigt, daß es sich um einen Teil jener vor-indogermanischen und stark vorderasiatisch gemischten Bevölkerung handelt, die im Hellenismus wiederum bestimmend geworden war und sich auch im Etruskertum stärker erwies als der Widerstand altrömischer Kräfte. (Nach neuesten Forschungen kann die Herkunft der Etrusker aus Kleinasien nicht mehr ernsthaft bestritten werden.)

Der große Deuter Roms, Mommsen, sieht mit entsetzten Augen den Einbruch der orientalischen Kulte in die römische

Gesittung. Jupiter wird — wie in Hellas einst Zeus — verdrängt vom Kult der Magna Mater, dem „wüsten Appell der großen Mutter". Die schärfsten Strafen, mit denen ein ahnungsvoller Senat diesem „religiösen" Wahn Einhalt gebieten wollte, waren machtlos gegen jene Seelenseuche: „Diese Obereunuchen an der Spitze, die unter fremdländischer Musik von Pfeifen und Pauken in orientalischer Kleiderpracht durch die Gassen ziehende und von Haus zu Haus bettelnde Priesterschaft und das ganze sinnlich-mönchische Treiben."

Die paradoxe Mischung von Askese und Sexualität nennt Mommsen eine „Muckerwirtschaft der scheußlichsten Art". Eine unsinnige wie gemeingefährliche „Afterfrömmigkeit" habe überall ganze Familien zerrüttet und Verbrechen unerhörter Unzucht hervorgerufen. Sie sei „durch einen griechischen Pfaffen zuerst nach Etrurien gekommen" und habe sich, „wie ein Krebsschaden um sich fressend, nach Rom und ganz Italien verbreitet".

Mommsen hat hier ein Bild nachgezeichnet, das der Dichter Ennius, dem Rom ein Nationalepos verdankt, schon 200 v. Chr. entworfen hatte. Mit schneidender Schärfe hat Ennius diesen „religiösen" Orientalismus angegriffen: „. . . Diese abergläubischen Pfaffen, dieses geile Prophetenpack, die verrückt und aus Faulheit anderen Wege weisen wollten, ohne selbst ein und aus zu wissen."

Nietzsche nannte 2000 Jahre später diese orgiastische und magische Überfremdung den „Verrat an Rom". Der Römer der Kaiserzeit sei „unrömisch" geworden und „bei dem kosmopolitischen Götter-, Sitten- und Künste-Karneval" entartet.

In den ersten Jahrhunderten erkennt Mommsen noch eine politisch begründete „Scheu vor den ekstatisch, mystisch, sexuell übersteigerten Kulten des Ostens". Er betrachtet die orgiastischen Religionen als ein Erbe des orientalisierten Hellenismus, das in der etruskischen Religion und Sexualität auf verwandten Boden fiel. Mommsen schildert ihre obskuren und phantastischen Kulte, die wüsten, grausamen Bräuche als „gleich weit entfernt von dem klaren Rationalismus der Römer wie dem menschlich heiteren hellenischen Bilderdienst". Kornemann folgt Mommsen, wenn er das Etruskertum als „Fremdkörper auf italienischem Boden" bezeichnet, was sich besonders in der Einstellung zum Lebensgenuß und zur Prostitution zeige. Er wiederholt, was schon Poseidonius den Etruskern vorwarf:

„Sie verbringen, kurz gesagt, ihr Leben mit Gelagen und unmännlichen Ausschweifungen."

Auch Pfister bestätigt, daß die etruskische Wahrsagerei, besonders die Leberschau, die Mantik, etwas „völlig Ungriechisches" sei. Die Götter wurden aus dem Olymp herabgezerrt und in die einzelnen Partien der Leber versetzt. In den etruskischen Priesterschulen hat man die jungen Römer zu diesem Aberglauben verführt. Es gibt kaum ein stärkeres Zeichen für den verhängnisvollen Einfluß dieser Magie als dieses, daß selbst Sulla, Erzfeind der Etrusker, sich vom Haruspex einreden ließ, bestimmte Eingeweide zu essen, die den Sieg sichern sollten. Man darf also Bachofen kaum widersprechen, wenn er „Etrurien das Asien Italiens" nennt.

*

Die Perversion erscheint in Rom selten homoerotisch verfeinert wie bei den Hellenen und wird zur rüden Homosexualität. Kiefer stellt fest: Unter den zahlreichen Göttern, ob sie nun auf italienischem Boden gewachsen oder aus der Fremde eingeführt worden seien, habe sich keiner befunden, der die Homosexualität symbolisiere.

Von Vorderasien und von Ägypten eindringend im hellenistischen Griechenland und in Etrurien schon lange üblich, galt die Homosexualität im alten Rom noch als Verbrechen. Sie begann sich dort erst am Ende des 4. Jahrhunderts langsam zu verbreiten. Die „Kaiser" Nero, Caligula und Vitellius errichteten dann Knabenbordelle, denen Vitellius selbst entstammte.

In der römischen Homosexualität fehlt das erzieherische Ethos der Mann-Jüngling-Freundschaft. Die spätrömischen Lustknaben wirken weibisch weich, knäbische Dirnen. Wie

Ovid berichtet, hatten sie ihr eigenes „Liebesfest“ am 23. April. Auch Seneca bestreitet der römischen Päderastie den Pädagogischen Eros. Schon die Enthaarung des Körpers beweise . . ., „sie wollten durch die Weichheit ihres Körpers mit den Frauen wetteifern“.

Nur die Freundschaft zwischen Hadrian und Antinoos erreicht die edlere Form hellenischer Homoerotik. Hadrian liebte fünfzigjährig den schönen, achtzehnjährigen Griechenjüngling, der ihm — nach einem ägyptischen Papyrusblatt — auf einer Löwenjagd das Leben gerettet hatte. Diesem Kaiser, Bewunderer des Hellenischen, scheint der platonische Eros wieder erlebbar gewesen zu sein.

Von Petronius zu Paulus

Dem Einfluß von Hellenismus und Etruskertum erlag die dünne altrömische Oberschicht, ging unter im spätantiken Völkerchaos. Was Kornemann von der römischen Aristokratie behauptet, gilt nur für die früheren Jahrhunderte: „Nur in Italien ist noch einmal eine Zeitlang und zu später Stunde ein ur-indogermanisches Volkstum, wenn auch noch so dünn, Ober- und Herrenschicht geworden.“

Durch Septimius Severus eroberten später mänadische Weiber Thron und Senat, und mit der orientalischen Theosophie, die sein „Glaube“ war, hat dieser punische Afrikaner im zweiten Jahrhundert n. Chr. zugleich die Kulte syrischer Priester und Eunuchen sanktioniert. „Septimius Severus haßte das römische Wesen.“ (Kornemann) Als Symbolfigur des alles überwuchernden Orientalismus um 220 n. Chr. erklomm der Knabenkaiser Bassianus Cäsars Thron. Seinem syrischen Götzen erbaute er einen Tempel auf dem Palatin und nannte sich nach diesem „Elagabal“. Während er öfter als jugendlichschöner Bacchus geschildert wird, behauptet Kiefer: „Die Münzen, die ihn darstellen, zeigen einen fast schon männlichen, sehr unschönen, stark semitischen Kopf mit Ringellöckchen, triefenden Augen, stark hervortretender Unterlippe, stark gebogener Nase.“ Kiefer weist auf zeitgenössische Berichte hin, die behaupten, dieser „schändliche junge Mensch“ hätte sich Männer mit stark entwickelten phallischen Eigenschaften zuführen lassen, ja schließlich sich mit einem in dieser Hinsicht besonders gut beschaffenen Burschen „verheiratet“.

Der vierzehnjährige „kaiserliche“ Oberpriester ließ seinen Kult aus Emesa, Syrien, einführen, um alle römischen Götterkulte zu verdrängen. Elagabal zwang die Senatoren, sich in orientalischen Kleidern zu kostümieren, während er, der Souverän des Imperiums, vor orientalischen Götzenbildern tanzte. Dieser „Cäsar“ ließ sich beschneiden und verschmähte Schweinefleisch. Über ihn und den Staat herrschte die mänadische Syrierin Julia Domna, zusammen mit ihrer Schwester Julia Maesa und den Töchtern Julia Soaemias und Julia Mammaea, die beide mit orientalischen Geldleuten verheiratet waren: „Vier betriebsame üppige Weiber, gewohnt, Blut zu sehen, mit Militärrevolten zu rechnen, Intrigen zu spinnen.“ (Th. Birt)

Rom wäre wie einst Hellas im Levantinertum versunken, hätte nicht mit den Goten und Langobarden eine zweite indogermanische Welle diesen Raum erobert. Ohne den erneuten Einbruch dieser „Barbaren“, die das morsch gewordene Imperium einstürzen ließen, wäre keine italienische Kultur erneuert, wären wahrscheinlich kein Dante, Tizian, Michelangelo, Leonardo, Galilei und Giordano Bruno in diesem Raume geboren worden.

*

In grotesker Symbolik schmückt sich eine versinkende Kultur, wie berichtet, mit den Farben der germanischen Eroberer. Kiefer behauptet: Seit man das germanische Rotblond kennengelernt, sei es der verrückte Wunsch mancher Römerin gewesen, sich selbst mit solchem Haar zu schmücken. Es sei ein schwunghafter Handel entstanden mit Perücken aus germanischem Rot- und Blondhaar. Noch Tertullian rügt das

Blondfärben der Haare bei jenen Frauen, die sich schämten, nicht in Germanien oder Gallien geboren zu sein.
Hellenismus und Etrusker, das „Rätselvolk Italiens" (Kornemann) waren stärker als die sich auch selbst zersetzende indogermanische Oberschicht. In einer grauenerregenden Wechselwirkung verschlimmerten sich religiöse und sexuelle Dekadenz! „Pestartig griff die Grisetten- und Buhlknabenwirtschaft um sich", schreibt Mommsen. Hübsche Knaben seien mit 24 000 Sesterzen höher bezahlt worden als ein Bauernhof. Es vollzog sich unaufhaltsam, was Nietzsche, der das römische Imperium verherrlicht hat wie kein anderer, mit düsterem Entsetzen beschrieb:

„Verfall! Verfall! Nie sank die Welt so tief!
Rom sank zur Hure und zur Huren-Bude.
Roms Cäsar sank zum Vieh, Gott selbst —
ward Jude!" (Zarathustra)

*

Wie stark auch der Einfluß der Orientalisierung (und Etruskisierung) Roms gewesen war, er ist nicht die einzige Ursache des Verfalls. Gefährlich wirkte vor allem der biologische Niedergang: Der chaotische Sexualismus verursachte einen verhängnisvollen Geburtenschwund. Ähnliche Folgen hatten die imperiale Expansion und der damit verbundene Import fremder Sklaven, Sitten und Kulte, die den römischen Lebensstil bis zur Wurzel veränderten.
Länderausbeutung und Sklavenwirtschaft brachten den „Reichtum, den Geiz und den Überfluß an Befriedigungen der Sinnlichkeit und die Sucht nach Rom, durch Üppigkeit und Ausschweifungen sich selbst und alles neben sich zugrunde zu richten ..." (Livius) Rom, einst Mittelpunkt der Welt und Millionenstadt, hatte 700 n. Chr. kaum 30 000 Einwohner.
Schon am Ende der Republik lebte nur noch ein kleiner Prozentsatz echt römischer Bevölkerung. In den ständigen Kriegen verblutete sich insbesondere die Adelsschicht. Bis 451 v. Chr. starben bereits 17 „gentes" (Geschlechter) aus, bis 367 weitere 17.

Von den Nobiles existierten um die Mitte des ersten Jahrhunderts v. Chr. nur noch 14 gentes. Unter Nero waren schon viele Senatoren und Ritter Abkömmlinge von Sklaven. Im letzten Jahrhundert v. Chr. erloschen die Julier, Aemilier, Claudier, Vaerier, Cornelier, Fabier, Manlier, Sulpicier, Junier, Livier, Fulvier, Licinier, Pisonen und Metellor. Die Punischen Kriege wirkten biologisch so verheerend auf die Römer wie der Peloponnesische Krieg auf die Hellenen. Aus Blutadel wurde Geldadel: Neureiche, Parvenüs aller Grade, die „homines novi". Gleichzeitig vermehrten sich in den Städten die „proletarii". Das war das Ende eines Niedergangs, der damit begann, daß man um 500 noch 35 patrizische Geschlechter zählte, um 300 nur noch 15.
Bereits für den Beginn der Kaiserzeit wird der Anteil der orientalischen Typen auf 90% geschätzt. Das freie Bauerntum der Frühzeit war ausgestorben. Reiche Gutsbesitzer, die in Rom mit Luxus und Ausschweifungen ein Parasitendasein genossen, hielten sich auf einem Hofe 10 000 und mehr Sklaven. Eine Pöbelmasse bevölkerte Roms Straßen, welche „die räumliche Größe Roms in demselben Maße ausdehnte, in dem sie seine Freiheit und sittliche Größe unterwühlte". Sie bestand „aus Freigelassenen und Bastarden aller möglichen Rassen". (Kuhlenbeck) Schon für die Zeit Cäsars meint Mommsen, man könne innerhalb des Imperiums neben der griechischen und römischen noch eine „dritte Nationalität" feststellen, die Juden, „überall und nirgends heimisch, überall und nirgends mächtig . . ." Weder Cäsar noch Alexander hätten daran gedacht, die jüdische neben der „italisch-hellenischen" Nationalität als ebenbürtig zu betrachten. Mommsen behauptet sogar für diese Zeit noch eine „eigentümliche Antipathie der Okzidentalen gegen diese so gründlich orientalische Rasse" und ihre fremdartigen Sitten und Meinungen. Dennoch seien sie ein „vorzugsweise berechtigtes Mitglied des cäsarischen Staates" gewesen: „Auch in der Alten Welt war das Judentum ein wirksames Ferment des Kosmopolitismus und der nationalen Dekomposition." Ihr Anteil wird für die Zeit des Augustus auf etwa 4 Millionen geschätzt. Sie waren noch am ehesten eine „Nationalität", während das, was Mommsen als

„italisch-hellenische“ Nationalität bezeichnet, sich damals bereits aus verschiedenartigen Rassen- und Völkermischungen zusammensetzt.
Wenn irgendwo und irgendwann, dann trifft auf den Niedergang Roms das Wort Disraelis zu: „. . . jede Rasse muß untergehen, welche ihr Blut sorglos Vermischungen hingibt.“ Und was Heinrich Heine tendenziös vom jüdisch-christlichen Einfluß behauptet, gilt noch stärker für die allgemeine Orientalisierung Roms: „Wahrlich, Rom, der Herkules unter den Völkern, wurde durch das judäische Gift so wirksam verzehrt, daß Helm und Harnisch seinen welkenden Gliedern entsanken und seine imperatorische Schlachtstimme herabsiechte zu betendem Pfaffengewimmer und Kastratengetriller.“ („Die romantische Schule“)

*

Die Hypertrophie der imperialen Politik hat Roms Kräfte überfordert und im eigenen Reichtum erstickt. Eine kapitalistische Sklavenwirtschaft hat sich biologisch furchtbar gerächt: „Dieser Besitz von Sklaven brachte ihnen noch insofern Gewinn, als sich diese wegen ihrer Befreiung vom Kriegsdienst ungefährdet vermehren konnten und eine Menge von Kindern bekamen . . . Die Italer dagegen wurden immer weniger, und ihr männlicher Mut verschwand, weil sie durch Armut, Abgaben und Kriegsdienste aufgerieben wurden.“ (Appian) Am Ende des ersten Jahrhunderts n. Chr. wimmelte es in Rom von einer Million Sklaven. (Josephus)
Gobineau charakterisiert diesen „Römer“ der Spätzeit drastisch: „Was war denn, leiblich und geistig, ein Römer des dritten, vierten und fünften Jahrhunderts? Ein Mann von mittlerem Wuchse, schwach von Leibesverfassung und Gestalt, in der Regel dunkelbraun, in dessen Adern ein wenig vom Blute aller erdenklichen Rassen floß; seiner Ansicht nach der erste Mann des Erdkreises, und um dies zu beweisen, unverschämt, niederträchtig, unwissend, verschlagen, verdorben, bereit, Schwester, Tochter, Weib, Land und Oberherren zu verkaufen, dazu von einer Furcht sondergleichen vor Armut, Leiden, Mühsal und Tod . . .“ Schon

für das erste vorchristliche Jahrhundert behauptet Sallust: „In Rom ist alles käuflich."
Diese „Römer", einst für Jahrhunderte die Herren der Erde, wurden von den vordringenden Germanen verachtet wie ihre Ahnen früher höhnisch auf die orientalisierten Griechen herabsahen, die Griechlein (Graekuli).

*

Als Hauptgrund für diesen Niedergang nennt Otto Seeck „die geistige und körperliche Verkommenheit der Rasse". Doch wo liegen die Hauptursachen der „rassischen" Entartung? Wahrscheinlich in der Wechselwirkung zwischen biologischer und sittlicher Dekadenz. Mit Bestimmtheit kann festgestellt werden: Der spätrömische Sexualismus hat einen entscheidenden Anteil am allgemeinen Niedergang. Vom Negativen her wird damit erneut der unabsehbare Einfluß von Eros und Sexus auf das Schicksal einer Kultur erkennbar.
Ein solcher Verfall hat auch biologische Ursachen, doch diese stehen in Kausalzusammenhang mit der Preisgabe der altrömischen Gesittung. Darum führen die biologischen Probleme zurück auf die ethische Fragestellung. Die Frage nach tieferen sittlichen Ursachen dieses Untergangs ist indes schwer auszuloten.
Im spätantiken Völkerchaos versinkt die zweite große indogermanische Kultur. Politisch treten dann germanische Stämme das Erbe des Imperiums an. Römische Überlieferung wird unverlierbarer Wesensbestandteil des werdenden Abendlandes. Vergil hat Rom die Totenklage gesungen:

„Völker in Menge umschlangst du mit einem Bande der Heimat,
Die das Gesetz nicht gekannt, zwang und erhob deine Macht;
Denn das eigene Recht gewährtest du frei den Besiegten,
Und es wurde zur Stadt, was da gewesen die Welt."

*

Im untergehenden Imperium verbinden sich griechisch-römische Werte und orientalische Kulte zu einer neuen Erlösungsreligion im Christentum. Dieses hat dann die Reste der römischen Aristokratie von innen her aufgelöst. Man lebte nach dem Paulus-Wort: „Hier ist nicht Jude noch Grieche, hier ist kein Knecht noch Freier . . .“ (Galaterbrief) Als „Römer“ galt, wer römisches Staatsgebiet bewohnte.

Rom ist nicht allein an der christlichen Unterwanderung zugrunde gegangen. Der Niedergang wurde jedoch wechselseitig beschleunigt durch die Entartung der römischen Ethik wie durch die apolitische frühchristliche Moral. Römische Laster und christliche Tugenden, sie beide haben hier auflösend gewirkt. Nietzsche hat — wenn auch mit tendenziöser Übertreibung — etwas Wesentliches erkannt:

„Jene heiligen Anarchisten haben sich eine Frömmigkeit daraus gemacht, ‚die Welt‘, das heißt das Imperium romanum, zu zerstören, bis kein Stein auf dem anderen blieb . . .“

Während Rom unter dem Marschtritt der Goten erbebt, schleudert Augustinus von Afrika aus seinen Fluch gegen den irdischen Staat, gegen die „civitas diaboli“. Bei Platon und Plotin holt er die geistigen Waffen für den Siegeszug des abendländischen Christentums. Und als Antithese zur spätrömischen Sexualität verkündet Paulus die Verneinung des „Fleisches“. Im Ersten Korintherbrief redet er in magischen Bildern von einer den Heiden unbekannten, aller Sinnlichkeit transzendenten „Liebe“.

Jupiter ging, Christus kam. Das Interregnum hatte Priapos beherrscht. Zweitausend Jahre vergingen, und wieder behauptet ein Europäer, Nietzsche, antiken Geistes: „Wir glauben an den Olymp, nicht an den Gekreuzigten.“ Ähnlich glaubten vor ihm Goethe und Hölderlin.

Eros und Ethos

Die Erkenntnis der biologischen Ursachen eines Kulturverfalles reicht nicht aus zu seiner Überwindung. Dazu bedarf es der Kraft des Willens. Wollen bedeutet die Fähigkeit, in freier Selbstbestimmung zu tun und zu lassen, in kantischer „Kausalität aus Freiheit“. Biologisches Handeln setzt also Metabiologisches voraus: ethische Selbstgesetzgebung. Der Biologismus scheitert, wenn er biologischen Verfall allein mit biologischen Mitteln aufhalten möchte. Die Erkenntnis, daß Geburtenschwund, Gegenauslese oder die Kreuzung extrem wesensfremder Rassen zum Aussterben einer Menschenart und zum Verfall eines Kulturstiles führen, kann den Niedergang eher noch beschleunigen, wenn sich nicht gleichzeitig der Wille zur Erhaltung von Art und Gestalt durchsetzt.

Ähnliches gilt für die Erkenntnis des Anteils von Sexus und Eros am Werden oder Vergehen einer Kultur. Die Einsicht, daß zügellose Sexualität kulturelle Dekadenz bedingt, zum Eros veredelter Sexus dagegen zur Kulturkraft werden kann, diese Überzeugung könnte die Krise eher verschärfen als überwinden, wenn der metaerotische, der ethische Wille versagt. Darum lassen sich biologische und sexuelle Gefahren nur in sittlicher Bewährung bewältigen. Die kulturelle Veredelung der Triebe kann letztlich nur ethisch errungen oder verfehlt werden.

Im Orient, besonders in vorderasiatischen Bereichen, zeigt sich die dualistische Spaltung in orgiastische Sexualität und sinnenfeindliche Askese. Die altgermanische Geschlechtlichkeit ist geformt und eingeordnet durch die von der Sippenehre geforderte Gesittung. Der griechischen Antike war es in den gesunden Jahrhunderten gelungen, den Sexus zum Eros zu kultivieren. In Rom mischen sich Staatsfamilie und religiöser Orientalismus. Der Sexus wird eher politisch gebunden als zum Eros veredelt.

In der hellenistischen wie in der römischen Spätzeit überwuchert dann der Orient biologisch und sexuell. Nicht, weil das orientalische Geschlechtsleben als solches dekadent wäre. Die orientalischen Kulturen zeigen das Gegenteil. Die Kreuzung indogermanischer Erotik und orientalischer Sexualität jedoch hat sich — wie die Mischung zweier Stile — im weltgeschichtlichen Fall der griechischen Polis wie des römischen Imperiums als kulturzersetzend erwiesen.

Daß in Hellas wie in Rom die indogermanische Oberschicht aber nach wenigen Jahrhunderten von der artfremden Um- und Mitwelt überwuchert werden konnte, das kann seine tiefste Ursache nicht in der Macht oder Vitalität fremder Bevölkerung

haben, sondern in einer ethischen Schwäche des indogermanischen Adels. Die Ursachen für dieses Versagen des sittlichen Willens zu erkunden müßte in noch kaum erforschte Bereiche führen.
Das Erkennbare zu erforschen und aus dem Erkannten das Erotische in einer neuen Ethik zu kultivieren wäre eine Aufgabe und Hoffnung unserer Zeit. Die antiken Kulturen könnten uns belehren: aber auch warnen und ermahnen!

VII. EINST UND HEUTE

Es fehlt uns immer noch eine Kulturgeschichte der Erotik. Sie könnte nachweisen, daß sich parallel zum Stilwandel in der europäischen Kunst auch das Verhältnis des europäischen Menschen zu Eros und Sexus verändert, in einer Wechselwirkung, die in ihren tieferen Ursachen aus anthropologischen Umschichtungen erklärbar wäre. Wie stark solche anthropologische Veränderungen auch von der ethischen Haltung bedingt sind, konnten wir nur andeuten. Kennzeichnend für eine zu eng anthropologische Beurteilung unserer europäischen Entwicklung ist die Auffassung von Walter Rathenau, der, wie ein anderer jüdischer Staatsmann, Disraeli, geschichtliche Erscheinungen aus rassischen Ursachen erklären wollte. In seinem Rathenau-Buch zitiert Harry Graf Kessler eine solche Feststellung Rathenaus, die sich besonders auch auf Hellas, Rom und Germanien bezieht:
„Der Inbegriff der Weltgeschichte, ja der Menschheitsgeschichte, ist die Tragödie des arischen Stammes. Ein blondes, wundervolles Volk erwächst im Norden. In überquellender Fruchtbarkeit sendet es Welle auf Welle in die südliche Welt. Jede Wanderung wird zur Eroberung, die Eroberung zur Befruchtung der Kultur und Gesinnung. Aber mit zunehmender Weltbevölkerung quellen die Fluten der dunklen Völker immer näher, der Menschenkreis wird enger. Endlich ein Triumph des Südens: eine orientalische Religion ergreift die Nordländer."
Man wird anthropologische Betrachtungen eines Politikers nicht auf die Goldwaage der Kulturgeschichte legen dürfen. Offen bleibt jedenfalls die Frage, aus welchen Gründen jenes „blonde,

wundervolle Volk“ in den „Fluten der dunklen Völker“ untergehen mußte, warum eine „orientalische Religion“ die „Nordländer“ zu überwältigen vermochte.
Eine Kulturgeschichte der Erotik müßte also untersuchen, aus welchen Gründen altgriechischer und altrömischer Eros im spätantiken Rassenchaos dem Pansexualismus erliegen konnte. Wieweit war der Sieg jener „orientalischen Religion“ zwangsläufig ein Gegenschlag wider die sexualistische Dekadenz jener Jahrhunderte? Bedingen sich hier heidnische Laster und christliche Tugenden, die Ausschweifungen der orientalisierten Spätantike und die erosfeindliche Askese einer neuen Religion?

Paulus in Europa

Grundverschieden dürfte das Verhältnis gewesen sein beim Eindringen des Christentums in Germanien. Hier traf jene „orientalische Religion“ Rathenaus nicht auf die morbide Endzeit der hellenisch-römischen Kultur, sondern auf die Jugendkraft einer zivilisatorisch zwar noch wenig entwickelten, in Lebensordnung und Geschlechtssitten aber kulturell hochstehenden Menschenart. Tacitus mag einzelne Sitten des Germanentums absichtlich idealisiert haben, im wesentlichen hat die europäische Forschung sein Urteil bestätigt. Vier Jahrhunderte nach Tacitus predigt der christliche Bischof Salvian:

„Es gibt keine Tugend,
in welcher die Römer die Vandalen übertreffen.
Wir verachten sie als Ketzer,
und doch sind sie stärker als wir an Gottesfurcht. —
Wo Goten herrschen,
ist niemand unzüchtig außer den Römern,
wo Vandalen herrschen,
sind selbst die Römer keusch geworden. —“

Mag auch Bischof Salvian im Hirteneifer übertreiben wie Tacitus in seinen Mahnungen: Die Kraft von 3 bis 4 Millionen Germanen konnte einem römischen Weltreich mit einer Bevölkerung von

50 bis 60 Millionen nur derart als Gefahr erscheinen, weil der römische Historiker in der kriegerischen Tüchtigkeit der Germanen zugleich den Ausdruck einer überlegenen sittlichen Kraft erkannt hat. Eine Wurzel dieser Kraft waren die hochstehenden Geschlechtssitten der germanischen Familien und ihre Grundlage in der Sippenehre.

Wie man den Unterschied zwischen germanischer Gesittung und spätrömisch-christlicher Sexualmoral auch einschätzen will, unbestreitbar dürfte sein, daß hier Gegensätze aufeinanderstießen, sich Germanisches und Christliches als fremd empfinden mußten. Diese Gegensätzlichkeit als solche mußte beim Eindringen christlicher Moral in die germanische Ethik zu einer Krise führen. Man vergleiche die Abwertung des Weibes in einer von Klerikern, Mönchen und Nonnen beherrschten Gesellschaft mit der Hochachtung, ja Heiligung der Frau in der germanischen Lebensordnung!

In diese germanische Gesittung brach nun die Lehre ein, daß jene Vorgänge, durch die sich das Leben fortzeugt, Sünde seien. Die freiwillige Ehelosigkeit sollte jetzt höher gelten als die Gründung einer Familie, die Kinderlosigkeit moralischer sein als der Kindersegen, die Kleriker höher stehen als der Ehemann, der Mönch moralischer sein als der Vater, die Nonne heiliger als die Mutter. Die Christianisierung Alteuropas mußte also auf die „Erotik" der Familien und Sippen zunächst verwirrend, dann zersetzend wirken, wie das Bernhard Kummer besonders für die Kelten nachweist: „Die Sittenlosigkeit im Geschlechtsleben ist also kein ererbter Altbesitz, den das Christentum mühsam ausrotten muß, es ist vielmehr ein Neuerwerb aus der Zeit der Bekehrung . . ."

Ovid im Kloster

Eros rächte sich dann an seinen Unterdrückern. Die zur Sünde erniedrigte Sinnlichkeit schlich sich in Klöster und Nonnenhäuser. „Vor allem die Nonnenklöster waren der Liebe im Geiste Ovids geweiht", behauptet Professor Helbok. Besonders in Frankreich und Italien füllten Konkubinen die kirchlichen

Stifte, „der Verkehr mit Dirnen war gang und gäbe". (Helbok) Ein Jahrhundert ehe Walther von der Vogelweide mit „Tandaradei" sein Lied auf die veredelte germanische Erotik singt, dichtete ein Mönch im elften Jahrhundert:

„Glücklich, wem Deine Umarmung winkt,
Wem der Duft Deines Atems entgegendringt.
Seufzend saugt er liebeswund
Den Atem aus Deinem halboffenen Mund.
Ja, wer den Leib eines Mädchens umfängt,
Seine Brust an die Brüste der Jungfrau drängt,
Wer an dem Honig sich weiß zu laben,
Welcher verborgen in goldenen Waben,
Nagende Sorgen, Krankheit und Pein
Müssen dem Glücklichen ferne sein."

Ovid hatte Paulus überlistet. Dennoch sollte man solche Fluchtwege aus den Klostermauern der Moraltheologie nicht verallgemeinern.

Der Einfluß des christlich-platonischen Dualismus mit Jenseitssucht, Leibesächtung, Büßernot und Sündenangst hat zwar im Liebesleben jener Jahrhunderte Verwüstungen angerichtet. Und die „Sexuelle Revolution" unserer Epoche hat es leicht, sich daraus zu rechtfertigen. Trotzdem verkennt man dabei eine andere, nicht minder wichtige Seite der Kulturgeschichte des Eros. Der mit dem Christentum eingedrungene „Tropfen fremden Blutes" (Rohde) hat die europäische Seele zum Gären gebracht, eine innere Unruhe und Spannung erzeugt, aus der eine sonst kaum mögliche Steigerung und Vergeistigung der Erotik geboren wurde. Es wäre eine unbeantwortbare Frage, ob ohne die christlichen Einflüsse Liebeslyrik und Lyrik der Liebe hätten aufblühen können bis zur Höhe des Minnesanges und der staufischen und gotischen Liebesromane. Fest steht: Erst die Entzweiung zwischen germanischer Naturerotik und christlich-platonischer Askese konnte zu jener Symbiose versöhnen, die wir in der Stauferzeit bewundern. Das muckerische Dunkel war zwar nicht beseitigt, doch überstrahlt von einer bisher nicht gekannten Veredelung und Vergeistigung des Eros. Aphrodite wurde nicht wiedergeboren, die Madonna aber zur Göttin einer Liebe sublimiert, für die in der hellenischen, römischen und germanischen Erotik nur Vorstufen erkennbar sind. Eros durfte in antiker Gestalt nicht wiedererscheinen; doch Jesus, „als göttlicher Bräutigam", entzündete eine religiöse Liebesbrunst, die modernes Empfinden kaum noch zu ahnen vermöchte.

Wie armselig sind die Orgasmuslüste moderner Kolle-Hürchen, verglichen mit den erotisch-religiösen Verzückungen einer Teresa de Jesu! Die „unico mystica" des Mönches mit seiner himmlischen Braut Maria, der Nonne mit ihrem Bräutigam Jesus sind zwar denaturierte Erotik in äußerster Verfeinerung. Dennoch stehen sie kulturell unerreichbar höher als die Primitivformen des modernen Sexualismus.

Tristan und Isolde

Indes nicht nur in mystischen Verästelungen christlich-platonischer Erossublimierung wirkt der schöpferische christliche Impuls für die europäische Erotik der Stauferzeit und des frühen Mittelalters. Wie Romanik und Gotik in der Kunstgeschichte christliche Anregungen mit germanischer Gestaltungskraft vereinigen, eines ohne das andere nie hätte entstehen können, so ist auch jene neue Blüte der Liebeslyrik nicht denkbar ohne christlich-germanische Synthese. Diese seelische Legierung zeigt alle Grade des Mischungsverhältnisses von der erotischen himmlischen bis zur geheiligten „irdischen" Liebe.

Schon um die Jahrtausendwende erscheint eines der großen Liebespaare der Weltliteratur. Europäisch-christliche Gemeinsamkeiten und Gegensätze gestalten eine erotische Tragödie, die das Leben selbst gedichtet hat. Der berühmte Frühscholastiker des „Sic et non", worin er Widersprüche der Bibel und der Kirchenväter enthüllt, Petrus Abälard (1079—1142), liebte die Tochter des Kanonikus Fulbert, verführte die hochgelehrte Heloise (1100—1163) und heiratete sie heimlich. Fulbert jedoch ließ Abälard überfallen und entmannen. Die 21 Jahre jüngere Heloise floh ins Kloster, schrieb Abälard glühende Liebesbriefe, wurde indes von dem erkaltenden Manne auf die Gottesliebe verwiesen. In dem von ihm erfundenen Briefwechsel hat er diese zeitlich unerfüllbare Liebe verewigt. Die unbedingte, alle Schranken der Konvention, Theologie und Moral sprengende erotische Leidenschaft wirkt noch als Urbild für „Nouvelle Héloise“ des Rousseau bis in unsere Zeit.

Jene Briefe bleiben das Zeugnis einer gerade durch Nichterfüllung ins Unendliche gesteigerten Liebessehnsucht. Dieses Motiv wird in den Gedichten und Liedern bis zum Minnegesang immer reicher variiert. Nicht der Genuß, das unstillbare Verlangen verfeinert und vergeistigt die Erotik wie nie zuvor.

Im „Parzival“ des Wolfram von Eschenbach leben diese adeligen Menschen in der Spannung von Tatendrang und Liebesbegehren, Gottfried von Straßburg hat einen Ehebruchroman ausgestaltet zur größten Liebes-Passion des Abendlandes: „Tristan und Isolde“. Freier noch als Abälard und Heloise lodert in diesem Liebespaar eine grenzenlose Leidenschaft. Hier unterwerfen sich zwei Menschen der Allgewalt des Eros, auf Leben und Tod, gegen Kirchenmoral, Sitte und Gesetz. Ovid und Vergil wirken in Gottfried nach; und sie werden über alle Begrenzungen ausgeweitet in ein Gefühl von unendlicher Tiefe. Körperliches und Seelisches sind nicht mehr zu trennen, glühen vereint in der nie vorher geträumten und gelebten Minne.

Todesernst und Liebesfreude erfüllen kontrapunktisch dieses „Hohe Lied“. So führt Gottfried den Zuhörer doppelsinnig ein in seine Gesänge:

„Ich sing ihm Sehneschmerzen
von zweien edlen Herzen,
Die reiner Liebe zugesagt:
Der Minne Knecht, der Minne Magd,
Ein Mann ein Weib, ein Weib ein Mann,
Tristan Isold, Isold Tristan.“

Verglichen mit Gottfrieds feurigem Ernst und seinem todnahen Lebensglück wirkt Ovid wie Getändel.

Wie innerlich frei und überlegen dichtet Walther von der Vogelweide seine Liebeslieder und seine politischen Kampfgesänge! Das zwölfte Jahrhundert, das staufische, vollendet im Weltreich

auch das Innenreich europäischer Minne. Walther löst sich von höfischen Bindungen und vereint „Hohe Minne“ und „Niedere Minne“, das Sinnliche im Geistigen, das Geistige im Sinnlichen in einem Preislied auf das Leben in seiner schönsten Offenbarung im Ewig-Weiblichen, bewußt in der deutschen Frau:
„tugent und reine minne / wer die suochen wil / der sol komen in unser lant . . .“

Ein Germane hat sich zu antiker Unbefangenheit befreit und zum Frauenlob in volksliedhaften Gesängen:
„Was hat die Welt zu geben / lieberes als ein Weib / Das ein sehnendes Herz mehr erfreuen möge? / Was hilft besser zum Leben / Als ihr geliebtes Wesen? / Ich kenne nichts, was höher zur höchsten Freude tauge / Als wenn ein Weib so aus vollem Herzen liebt / Den, der ihr lebt zum Preise. / Da ist herzliche Wonne, mit Freuden ausgezieret / Nichts gibt es Besseres in der Welt.“

Staufischer Eros

So weit waren Mönch und Mucker zurückgedrängt im Weltreich der Staufer, und Walther trat in den Dienst Friedrichs des Zweiten wider den Papst in Rom. Im 13. Jahrhundert jedoch loderten die ersten Scheiterhaufen, auf denen dann fast eine Million Frauen verbrannt wurden, bis im 18. Jahrhundert die Mordfeuer endlich erloschen.
In der Stauferzeit schien die orientalische Körper- und Seelenkasteiung überwunden. „Irdische“ und „himmlische“ Minne veredelten die Erotik wie keine Zeit vorher. Bertran de Born feiert die Gemahlin Heinrichs des Löwen, Mathilde, in ihrer körperlichen Schönheit:
„Der frohe, junge, schöne, liebevolle Leib betrügt an Schönheit nicht und ist kein Traumgebild. Und schöner wird er, wenn man sie entgürtet. Und wie man mehr an Kleidung von ihr nähme, so hätte man noch immer mehr der Lust danach, denn ihre Brust läßt Nacht wie Tag erscheinen, und könnte man noch tiefer schaun, so würd die ganze Welt von ihr erleuchtet.“
Gesungen in der Mitte des 12. Jahrhunderts!

Im 13. und 14. Jahrhundert entwickelt sich aus dem höfisch-weltlichen Minnesang eine künstliche Spätblüte im Schatten der Klostermauern. In Mechthild von Magdeburg (1210—1282) brennt Gottesminne ins Visionäre, sublimiert sich das erotische Verhältnis zu Jesus bis zur Licht-Mystik. Erst später erscheinen in ihrer Nachfolge neurotische Gottesbrunst, schwüles Lechzen und Schwärmen.

Mechthild sagte: „Frau Minne, du hast mich gejagt, gebunden und so tief verwundet, daß ich nimmer werde gesund." Dann kam es zu krankhaften Auswucherungen der nonnenhaften „Brautmystik". Die schwäbische Mystikerin Margarete Ebner (1291—1351) wird vom Namen Jesu mit „allen süßen Wonnen durchschauert", möchte ihren Erlöser küssen und umarmen, preßt ein hölzernes Jesuskind an ihre nackten Brüste, um es zu herzen und zu stillen — religiöse Irrwege einer unterdrückten weiblichen Natur.

In Dantes Hymnus auf Beatrice verbinden sich nochmals europäische Gestaltungskraft und religiöse Antriebe des späten Troubadours. Seine junge Leidenschaft, die bereits im Neunjährigen keimt, bleibt unerfüllt, Beatrice stirbt. Der 27jährige hat sie in seiner Dichtung „Vita nuova" zur Unsterblichkeit verklärt. Nicht die Erfüllung, unstillbare Sehnsucht erhöhte Dantes schöpferische Kraft bis ins hohe Alter.

Boccaccio erhielt eine Generation später einen Lehrauftrag über Dante Alighieri. Er wird der Schöpfer der erotischen Novelle, des „Decamerone", die Minne verwandelnd im Geiste der Renaissance, der Wiedergeburt antiker Kultur auch im Eros. Wieder schien Ovid über Paulus zu siegen. Diese Wandlungen der Erotik über Gotik, Renaissance, Barock, Rokoko, zur Klassik und Romantik können wir hier kaum andeuten, weil wir uns auf die Antike begrenzen.

Minnesang und christliche Liebesmystik sind nur etwas ausführlicher dargestellt worden, weil sie den christlichen Einfluß auf die europäisch-germanische Erotik in seiner edelsten Wirkung zeigen. Es ist für die Kultivierung der Sexualität nicht entscheidend, aus welchen Motiven sie gelingt. Auch die christliche Abwertung des „Fleisches", eine Sündenangst, die alles Geschlechtliche verunsichert, hatten eine zweifache Wirkung. Sie vergifteten die Natur, erzeugten Verklemmungen und Verkrampfungen in Körper und Seele. Doch sie haben dann auch mitgeholfen, als die instinktiven Regelungen des Trieblebens unsicher wurden, Normen und Überformungen zu erzwingen, eine Selbstbeherrschung bis zur Kasteiung. So sind auch Himmelssucht und Höllenangst Zuchtmittel gewesen, den Sexus zum Eros zu kultivieren. Unter dem Aspekt der Kultur stehen die religiösen Verächter des Körpers jedenfalls höher als die sexualistischen Verderber der Seele.

Paulinismus und Sexualismus

Die beiden christlichen Kirchen und ihre Theologie bieten dem Pansexualismus dennoch zahlreiche Angriffsflächen. Die Schmutzfluten der Porno-Welle könnten sich kaum so hemmungslos ausbreiten, wären nicht die konfessionellen Schutzdämme längst durchlässig geworden. Von evangelischen Synoden bis zu vatikanischen Konzilen zeigt man eine erstaunliche Hilflosigkeit, ein schlechtes Gewissen, das Eingeständnis eigener Schuld. Man sucht sich zu rechtfertigen und kann nicht leugnen, daß die christliche Sexualmoral zu den Ursachen zählt, die den Pansexualismus entstehen und verbreiten halfen.

Der christliche Synkretismus wirkt sich auch in der kirchlichen Sexualmoral aus. Neben heidnisch-antiken — wie der griechischen Agape — wirken orientalische Einflüsse, die über das Christentum in Europa eindrangen: Es dürfte kaum ein Zufall sein, daß die mächtigsten Autoritäten der Weibesächtung und der Sündhaftigkeit des Geschlechtlichen zwei Orientalen sind: Paulus und Augustin. Beide stehen zwar selbst noch unter spätantiken Einflüssen, vertreten jedoch in ihrer Sexualmoral überwiegend orientalische Tendenzen. Wieweit sie selbst darin vom Manichäismus abhängig sind, jener aus der babylonischen Gnosis stammenden Lehre, die sogar die Ausrottung des Geschlechtstriebes forderte, sei hier nicht untersucht.

Paulus, der die Jesuslehre als konvertierter Rabbiner so stark veränderte, daß manche Religionswissenschaftler vom Christentum als einem „Paulinismus“ sprechen, hat seine Erosfeindschaft der kirchlichen Moraltheologie eingepflanzt. Die Texte des 1. Kor. 7 erlauben keinen Zweifel: „Es ist dem Manne gut, keine Frau zu berühren.“ Es möchten „alle Menschen so sein, wie ich bin“, also ehelos, weiblos. Paulus macht zwar Konzessionen an die realen Möglichkeiten, doch auch in diesem Zugeständnis liegt ein Werturteil gegen den Eros. „Wer heiratet, tut gut: wer nicht heiratet, tut besser.“ Oder: „Um Hurerei zu verhindern, mag jeder Mann seine Frau und jede Frau ihren Mann haben.“ Der niedrigere Rang der Ehe und Familie ist unzweideutig. Sie sind nur ein unvermeidbares Übel, „. . . um Hurerei zu verhindern . . .“ Paulus ist der fanatische Apostel der semitischen Erbsündenlehre. Mit Eva, dem Weibe, kam die Sünde in das Paradies, und seither lastet der Erbfluch auf allem Weiblichen.

„Ich weiß, daß in mir, das heißt in meinem Fleisch, nichts Gutes wohnt.“ Das ist antieuropäisch: gegen Hellas, gegen Rom, gegen Germanien.

Augustin

Der neben Paulus einflußreichste Kleriker, Augustin, war vor seiner Bekehrung Jünger der erosfeindlichen Manichäer, in seiner Jugend aber sexuell ausschweifend. Für ihn ist das Geschlechtliche als Folge der Erbsünde „böse Begierlichkeit“. Wie Paulus vermag er in der Ehe nur ein unvermeidbares Übel zu sehen, als „remedium concupisentiae“, ein Heilmittel gegen sündhafte Begierde. Für Augustin ähnlich wie für Paulus gilt die Zwangsvorstellung: „Durch Adams Sündenfall [verführt von Eva] ist die menschliche Natur mit einer unendlichen Schuld belastet, unfähig zum Guten aus eigener Kraft.“ Das trifft Eros und Ehe noch härter als die übrigen Lebensäußerungen.

Sicher gibt es Unterschiede zwischen den Konfessionen und auch innerhalb der katholischen Lehre. Diese Abweichungen aufzuzählen und sich in das Labyrinth moraltheologischer Kasuistik zu verirren ist hier nicht beabsichtigt. Keine theologische Spitzfindigkeit vermag jedoch zwei Tatsachen hinwegzudisputieren, die als Norm und Institution im katholischen Paulinismus bis heute uneingeschränkt gelten: das Gelübde der Keuschheit und der Zölibat.

Zölibat, ein biologisches Verbrechen

Die mönchische Unterdrückung des „Fleisches", über Ägypten, Syrien und Palästina in Europa eingedrungen, hatte eine doppelte Wirkung. Für Männer und Frauen mit natürlicher Trieb-anlage erzwang sie seelische und körperliche Verdrängungsfolgen, Komplexe, Hysterien, Perversionen. Für Mönche und Nonnen mit angeborener Keuschheit oder Frigidität oder ungewöhnlicher Willenskraft konnte die Triebstauung und Sex-Sublimierung zu hohen ethischen und sozialen Leistungen führen, die Ordensleute bis in unsere Zeit befähigen, sakral, pädagogisch, karitativ und missionarisch zu wirken. In diesem Sinne mögen sie als wahre Heilige gelten. Menschen, die sich freiwillig zu solchen Kulturleistungen verpflichten, stehen weit über dem Durchschnitt und verdienen Anerkennung, ja Bewunderung.
Wie die anderen Gelübde dient das Keuschheitsgelöbnis dennoch zuerst der kirchlichen Macht: das Gelübde der Demut dem klerikalen Hochmut, das Gelübde der Armut dem Reichtum des Vatikans, das Gelübde der Keuschheit dem hierarchischen Patriarchat.
Der Zölibat aber ist über das Keuschheitsgebot hinaus ausgesprochen ehefeindlich. Er beraubt die Priesterschaft des Rechtes auf Kinder. Was den verheirateten Laien als Pflicht auferlegt wurde, war den Klerikern verboten. Das kirchliche Recht (can. 1013) definiert: „Der Ehe erster Zweck ist die Erzeugung und Erziehung der Nachkommenschaft." Und eine Enzyklika bestimmt: „Die erste Stelle unter den Gütern der Ehe nimmt das Kind ein." Das ist aristotelisch-thomistische Auffassung und dient dem Herrschaftswillen der Kirche, mit der Zahl katholischer Kinder die Masse der Kirchengläubigen zu vermehren.
Warum wird dieser Grundsatz bei den Angehörigen der Hierarchie radikal durchbrochen? Ein wesentliches Motiv nennt schon Paulus: „Der Unverheiratete sorgt sich um das, was des Herrn ist, wie es dem Herrn gefalle. Der Verheiratete sorgt sich um

das, was der Welt ist, wie er der Frau gefalle, und ist geteilt." Dieses pragmatische Prinzip wird verstärkt durch das institutionelle. Kaum überschätzbar ist die Wirkung des Zölibats für das elitäre Bewußtsein der Hierarchie. Es verleiht nicht jedem Kleriker einen Heiligenschein, doch den Nimbus des Auserwählten. Dazu die psycho-somatische Wirkung des Triebstaus, für den nur ein Ventil erlaubt ist: die kirchliche Aktivität. So hat auch der Zölibat widernatürlich pervertierende wie die Natur überformende, kultivierende Folgen.

Es hat Jahrhunderte gedauert, bis dieses ehe- und damit kinderfeindliche Prinzip durchgesetzt werden konnte. Unter Berufung auf Matth. 19 und 1. Kor. unternahm der Vatikan immer wieder Versuche, die Ehelosigkeit seiner Diener zu erzwingen. Das zweite Laterankonzil erklärte im April 1139 die Ehen aller Priester für verboten und ungültig. Doch sogar an der Spitze der Hierarchie wurde dieses Gesetz immer wieder durchbrochen. Päpste, so Alexander VI. (1492—1503), verletzten das Konzilsgesetz. Er zeugte fünf Kinder und feierte Orgien um den Stuhl Petri. Etwa 30 Päpsten werden Frauen-Affären nachgesagt. Um Widerstände endgültig zu brechen, beschloß das Konzil von Trient (1545—63): „Wenn jemand sagt, daß die Kleriker . . . eine Ehe eingehen können und die eingegangene gültig sei, trotz dem Verbote des Kirchengesetzes . . . so sei er verflucht."

Noch Pius XII., der „engelgleiche" Papst, selbst Vorbild asketischer Lebensführung, hat den Kardinal Damiani (1007—1072) als Wegbereiter der Zölibatsgesetze gelobt. Doch der Münchner Theologe und Kirchenhistoriker Georg Denzler hat in der Jesuitenzeitschrift „Stimmen der Zeit" diesem Damiani vorgeworfen, er sei „Frauenverächter größten Ausmaßes" gewesen. Denzler zitiert aus einer Bußpredigt des Eiferers gegen die Priester-Frauen, die der Zölibat verurteilt:

„Ihr Schätzchen der Kleriker, ihr Lockspeise des Satans, ihr Auswurf des Paradieses, ihr Gift der Geister, Schwert der Seelen, Wolfsmilch für die Trinkenden, Gift für die Essenden, Quelle der Sünde, Anlaß des Verderbens. Euch rede ich an, ihr Lusthäuser des alten Feindes . . ., ihr Metzen, Buhlerinnen, Lustdirnen, ihr Mistpfützen fetter Schweine, ihr Ruhepolster unreiner Geister, ihr Nymphen, Sirenen, Hexen, Dianen und was es sonst an Scheusalen geben mag, die man euch beilegen möchte. Ihr seid Speise des Satans, zur Flamme des ewigen Todes bestimmt."

„Bräutigam Christus"

Diese in der Sprache des 11. Jahrhunderts geäußerte Frauenverleumdung ist gewiß eine Ausnahme, der zahllose Stellen auch priesterlicher Frauenverehrung gegenübergestellt werden könnten. Die Bußpredigt des Zeloten ist heute nur interessant, weil sie alle Motive konzentriert enthält, die semitische Frauenächtung erfinden konnte. Hundert Jahre später erklang das Frauenlob der Minnesänger. Heute wären Damianis Verleumdungen unmöglich. Dennoch haben alle Hoffnungen auf eine Milderung des Zölibats getrogen. Sogar Johannes XXIII., der mit seiner „apertura à sinistra" die Romkirche nach links öffnete, feierte den Zölibat noch als „eines der edelsten Ruhmesblätter ihres Priestertums". Sein Nachfolger, Paul VI., preist 1967 in einer Enzyklika den Zölibat in vatikanischer Prosa als „kostbaren Edelstein", „großartiges Schauspiel", „gottgeweihte Ehelosigkeit". Das Zweite Vatikanische Konzil knüpft an die mittelalterliche Mönche- und Nonnen-Mystik an und nennt den Zölibat „jenen geheimnisvollen Ehebund", der die Kleriker mit Gott vereine. Die Kirche habe einen „einzigen Bräutigam: Christus". Es hilft nichts, daß der jüngere Klerus an den widernatürlichen Fesseln zerrt und sich zum Beispiel in München 94,4 und in Tübingen 95 Prozent der 1970 befragten Theologiestudenten gegen die Ehelosigkeit erklärten. Sie sind hilflos gegenüber den Konzilen 1964 und 1965, wo von 2394 Konzilsvätern bei der Abstimmung in eigener Sache 2390 für den Zölibat stimmten. Nach sieben Jahren Zölibatkritik hat Paul VI. für den 1. Januar 1974 verfügt, daß zwar die Funktion der „Exorzisten", der „Teufelaustreiber", entfallen solle. Gleichzeitig befiehlt der Pontifex maximus, nicht nur den Zölibat als „leuchtendes Zeichen" beizubehalten, sondern das Zölibatsversprechen zur feierlichen öffentlichen rituellen Form zu erhöhen.

Das ist die in ihrer Konsequenz imponierende Antwort des Papstes, der die Sorgen um den Zölibat seine „Dornenkrone" nennt. Die evangelische Kirche hat sich diese Dornenkrone nicht aufgesetzt. Sie hatte die Priesterehe erlaubt, ja gefordert, und der ehemalige Mönch Martin Luther heiratete 1525 41jährig die ehemalige Nonne Katharina von Bora und führte mit ihr ein harmonisches und kinderreiches Familienleben. Doch unterlag auch Luther noch so stark dem Einfluß des Paulus, daß er behauptet, „die böse fleischliche Lust" sei außerhalb der Ehe „tödlich" und nur in ehelicher Pflicht wäre sie nicht „verdammlich". Seit der Aufklärung bemüht sich indes die protestantische Theologie, der Ehe über die biologische Aufgabe hinaus einen erotischen Eigenwert zuzugestehen. Der Hamburger Theologe Thielicke greift auf Platon zurück und bejaht den vernunftgemäßen Eros, Agape und Sexus versöhnend, wie dies bereits Schleiermacher wollte.
Nur vom Machtwillen der Hierarchie aus hat sich der Zölibat bewährt. Betrachtet man die Kirche als Selbstzweck, dient ihr der Zölibat als eines der erfolgreichsten Herrschaftsmittel. Doch ist der Preis nicht zu hoch?

Genetischer Selbstmord

Denn der Zölibat und die klösterliche Ehe- und Kinderlosigkeit sind der weltgeschichtliche Beweis für die Schädlichkeit eines dem biologischen Sinn von Eros und Ehe so bewußt entgegengesetzten Kirchengesetzes. Seit wir durch den Augustiner-Abt Gregor Mendel die Erbgesetze kennen und die Wirkung von Selektion und Kontraselektion im Erbgang, kann man Keuschheitsgelübde, Kinderlosigkeit und Zölibat nur noch als biologisches Verbrechen beurteilen — und verurteilen. Mindestens seit 700 Jahren hat die Kirche jenes Erbgut, dem es die höchsten ethischen und religiösen Güter verdankt, systematisch selbst ausgemerzt. Erstaunlicherweise wurde diese entsetzlichste Folge der Familien-Verneinung des Klerus in den Konzilen bis in unsere Zeit verschwiegen.

Auch die Verehrung der „Heiligen Familie" hat daran nichts gebessert, denn die Maria wird geheiligt als die „Unbefleckte", wodurch alle anderen Mütter als „befleckt" entwürdigt werden. Man verehrt die „Immaculata", die „Gottesmutter" als Jungfrau, eine weder im Germanischen noch im Altgriechischen oder Altrömischen nachweisbare Rangerniedrigung von Mutter und Vater.

Durch diese Kinderlosigkeit der Priester, Mönche und Nonnen sind fast ein Jahrtausend lang wertvollste Erbströme zahlloser Generationen abgeschnitten worden. Die Kirche hat sich damit selbst biologisch unvorstellbar geschadet. Sie hat genau jene Erbeigenschaften ausgemerzt, die sittlich und religiös überdurchschnittlichen Anlagen, deren Fehlen immer lauter beklagt wird. Der Verlust an solch hochwertigem Erbgut ist unausrechenbar, bedenkt man, daß in vielen Jahrhunderten das begabteste Kind im Dorfe — aus den Bauern- und Handwerkerfamilien — sich durch Zölibat oder Keuschheitsgelübde nicht vererben durfte, ja zeitenweise von der gebildeten Schicht ein Drittel kinderlos bleiben mußte. Professor Helbok stellt fest: „Gerade der Hochadel wurde in seinen zweiten und dritten Söhnen durch die Ehelosigkeit der Konvente förmlich ausgerottet." Denn: Viele Konvente nahmen nur Adelige, Fürsten, Grafen, Freiherren auf, besonders die berühmtesten Domkapitel. Die Klöster füllten sich mit adeligen Witwen und Edelfräulein im „Dienste des göttlichen Bräutigams". Unter den 410 Mainzer Domherren gehörten 88 dem Hochadel, 28 den Freiherren, 286 den Rittern an, und nur 16 waren bürgerlicher Herkunft. Bis zu 30 Prozent des Hochadels wurden Kleriker. Die unvorstellbare Schädlichkeit dieses genetischen Parasitismus trägt die Hauptschuld am tragischen Schicksal der Ordensritter.

Was immer zur Verteidigung des Zölibats und des Enthaltsamkeitsgelübdes vorgebracht werden könnte, diese Ausmordung hochwertiger Erbanlagen ist durch nichts zu rechtfertigen. Mag die Kirche selbst sich mit diesem erbbiologischen Selbstmord abfinden, gegenüber den europäischen Völkern hat sie dadurch eine Schuld auf sich geladen, gegen die der Hexenwahn und die Ketzervernichtung unwesentlich erscheinen. Wenn es stimmt, daß

52 Prozent der deutschen Genies mittelbar oder unmittelbar aus evangelischen Pfarrer-Familien stammen, dann zeigt dies, welch biologischen Krebsschaden diese Denaturierung des Geschlechtlichen angerichtet hat. Das ist der unüberbietbare Beweis für den Nutzen oder Nachteil von Eros und Askese für die Kultur. Nietzsche wagte den Satz: „Das Christentum gab dem Eros Gift zu trinken; er starb zwar nicht daran, aber entartete zum Laster." Jedenfalls wurde seit der Aufklärung die sexualistische Antithese zur paulinischen Erosentwertung herausgefordert. Es wiederholte sich der spätantike Pansexualismus in moderner Form als Sexualtechnik, der schroffste Kontrast zur Eros-Kultur der Antike wie der Stauferzeit.

Freud und Marx

Nicht nur künstliche Tabus wurden dabei beseitigt, sondern auch jene, die Natur und Kultur zu ihrem Schutze entwickelt hatten. Die Endstufe dieser Vulgär-Aufklärung markieren Freudianismus und Marxismus, sich gegenseitig stützend und steigernd. Nach 1933 sind der Freudianismus und seine Apostel, in Europa bereits vorher überlebt, in die USA ausgewandert und 1945 im Troß der Besatzungsmächte nach Deutschland zurückgekehrt. Parallel zum Freudianismus verbreitete sich wieder der Pansexualismus, denn dieser ist seine letzte Konsequenz. Er und seine Adepten versuchten einen Teilfaktor, die „Verdrängung", von Leibniz bis Nietzsche psychologisch längst erkannt, zu verallgemeinern und damit nicht nur sämtliche Neurosen, sondern das gesamte Geschlechts- und Familienleben, ja alle Kulturentwicklung zu „analysieren".

Wie jeder Aberglaube wuchert auch dieser wissenschaftlich getarnte in einer unkontrollierbaren Dunkelzone. Da für die ersten Kindheitsjahre, natürlich für das embryonale Stadium, ein beobachtbarer Bewußtseinsgrad fehlt, kann man in diese Zeit alle möglichen Fehlentwicklungen hineingeheimnissen, aus denen sich dann die absurdesten Schlüsse ziehen lassen. So vermag man alle Erlebnisse des Kleinkindes in sexuelle Reaktionen umzufälschen und daraus das gesamte spätere Sexualverhalten zu konstruieren. Freud — und noch primitiver die Freudianer — erfinden dazu einen Sexualtrieb des Mädchens zum Vater, des Knaben zur Mutter, einen Vaterhaß des Knaben, einen Mutterhaß des Mädchens, um über die totale Sexualisierung des Verhältnisses von Kindern und Eltern die Familie von innen her zu pervertieren und zu zersetzen. Bis in die Vorzeit überträgt Freud diesen Unsinn, wo die Söhne aus Sexgier den Vater erschlagen, kannibalisch auffressen, um ihre Triebe bei der Mutter austoben zu können.

Es lohnt nicht, Unbewiesenes zu widerlegen. Nur die gefährlichen Folgen dieser Ideologie sind heute wieder gravierend; die kulturzersetzenden Wirkungen, die Gefährdung der Familie und sexualistische Vergiftung der Gesellschaft und ihrer Generationsprobleme. Dieser Sex-Kult hat die Erotik in Kunst, Literatur, Theater und Film zur Pornographie erniedrigt. Der Orgasmus, zum Allheilmittel fetischiert, kann in dieser Überdosis nur als Gift wirken. Auf modernen Schleichwegen hat orientalischer Sexualismus Europa erneut unterwandert.

Sexual-Anarchie

Die aus sexuellen Antrieben vater- und mutterhassenden Kinder, vom Penisneid besessene Weiber und aus Impotenzangst verblödete Männer, auf die der Freudianismus die bürgerliche Gesellschaft pervertiert, sind vom Marxismus als wirksame Mittel für anarchistische Zwecke rasch erkannt und benützt worden: „I am still an anarchist", grunzt Henry Miller, der sich bewußt in den Kloaken primitivster Sexualität suhlt und von L. Marcuse zum „rauhesten Humanisten" hochgejubelt wurde. Unseren linken Neoanarchisten wird darum auch wieder „Die sexuelle Revolution" des Wilhelm Reich erschlossen, die 1934 bereits überholt war. Er ist als dogmatischer Freudianer in der an Sexualismus durchaus nicht erkrankten Sowjetunion gescheitert, dann aus rassischen Gründen in die USA emigriert, dort kriminell geworden und wurde jetzt als Prophet des Pansexualismus mit marxistischer Tendenz künstlich wiederbelebt. Die „Triebversklavung" des Menschen möchte er sexualrevolutionär beseitigen. Darum sagt auch Cohn-Bendit „Nein zur Familie!", und Dutschkisten aller Schattierungen lernten bei ihrem Wilhelm Reich wie bei den Marcuses „die sexuelle, moralische, intellektuelle und politische Revolution in einem".

Der Staat, nach Freud die „Vaterfigur", soll wie in der Urhorde erneut getötet und aufgefressen werden. Darum predigt auch der aus der Sowjetzone zugewanderte Zwerenz die sexuelle „Lust am Sozialismus" und meint die Wollust am Anarchismus. Er entdeckt moderne Wege orientalischer Frauenächtung: „Die moderne Frau schweinigelt und flucht fäkalisch und genitalerotisch." Der neomarxistische Nachwuchs fordert „Sexmachen als Waffe des Klassenkampfes" und kehrt damit zum Jahwe des Kommunismus zurück, zu Karl Marx. Dieser kannte Freud noch nicht, nahm aber seine pansexualistischen Konsequenzen vorweg, weil er im Kommunistischen Manifest, Teil II, als „eine der Hauptaufgaben der sozialen Revolution die Aufhebung der Familie" programmierte. In der Sowjetunion hat man kurzfristig mit diesem Sexualkollektivismus experimentiert, dann aber wie auf allen übrigen Gebieten in der praktischen Politik das Gegenteil der Marxschen Utopien realisiert und ist nur dadurch zur Weltmacht erstarkt. An der von Marx geforderten „offenherzigen Weibergemeinschaft" und dem von Wilhelm Reich gepredigten Familien-Surrogat des Sexual-Kollektivs wäre Rußland zugrunde gegangen — wie jede westliche Kultur mit dieser Tendenz dem spätrömischen Chaos zutreibt. Cohn-Bendit forderte in Paris „Nymphen- und Satyrnbacchanalien", Sexapostel aus Wien zeigen Fäkalienkult und spätrömische Mantik, Pornobestialitäten, denen auch noch der antike Zauberglaube fehlt.

Am gefährlichsten aber ist dieses Gift, wenn es über Freud, Marx und Marcuse in die Schulen geschmuggelt und unter Kindern verbreitet wird. Die vom Hamburger Sexologen Giese gepriesene positive „Besessenheit am Sex" wird zum Verbrechen, sobald sie die Jugend verseucht. Pornographische Schülerzeitschriften, ein „Sex-Atlas" der Genossin Gesundheitsministerin, in welchem der Begriff „Liebe" unauffindbar ist, zuletzt eine „Sex-Fibel" für Siebenjährige im Huren- und Zuhälter-Jargon, gemixt mit Neomarxismus, das ist in die Zukunft programmierte Dekadenz.

Seelische Lustseuche

Repräsentativ für diese Zustände in unserer Sexualdemokratie ist der Traktor der SPD-Wahlreklame und Pornomillionär Günter Grass. Ein solcher Typ wäre kaum in der spätrömischen Gesellschaft ungestraft geblieben. Der Literaturhistoriker Hermann Pongs bescheinigt ihm „komplexhafte Lust an der Entstellung". Alles Deutsche werde bei Grass „hündisch verzerrt". Das Münchener Landgericht hat Grass bestätigt, er müsse es sich gefallen lassen, als „Verfasser übelster pornographischer Ferkeleien" gebrandmarkt zu werden. Seither darf Grass seine Rolle als SPD-Literat und Kanzlerberater uneingeschränkt weiterspielen!

Die Pornographie, als psychische Geschlechtskrankheit schädlicher als die physische, hat einen Tiefpunkt erreicht, wenn Harpprecht, als er noch Redakteur der linksliberalen Zeitschrift „Der Monat" war, die Israelitische Kultusgemeinde vor der Gefahr einer erneuten Identifizierung von „Judentum und Pornographie" warnen mußte. „Einer unserer jüdischen Mitbürger" solle dem Verantwortlichen des Melzerverlages „eins um die Löffel hauen". Das wäre die richtige Antwort auf das bei Melzer erschienene Schandbuch des Sexualanarchisten Arrabal, der in diesem „Buche" 50mal seinen Penis exhibiert.

Diese krassen Fälle sind sicher Extreme, die man nicht verallgemeinern sollte. Ich darf mich auf diese Hinweise auf den zeitgenössischen Pansexualismus beschränken, den ich in meiner Kampfschrift „Die sexuelle Revolution — Genosse Porno regiert" ausführlich behandelt habe. Angedeutet sei hier nur die Zerrüttung moderner Ehen, wenn sie zum Sex-Konsum verkümmern, die Kinderarmut und die Vermehrung der Geschlechtskrankheiten, der körperlichen als Folge der seelischen Lustseuchen.

Die heutige materialistische Sexüberflutung muß dennoch nicht das Schicksal unserer europäischen Kultur besiegeln. Im Unterschied zum hellenistischen Griechentum und augusteischen Rom leben unter den Europäern noch genügend europäische Menschen, die das biologische Fundament einer kulturellen und erotischen Erneuerung sichern könnten. Voraussetzung dafür wäre die Erneuerung der hellenischen, römischen und germanischen Rangordnung der Werte in den Formen unserer Zeit und eine auf diese Ethik gebaute Lebensordnung.

Goethe und Nietzsche

Unter den zahlreichen Zeugen, die uns zu einer solchen Hoffnung berechtigen, sei hier nur auf Nietzsche und Goethe verwiesen. Goethe ist einer der großen Wiederentdecker antiken Lebens, und als solcher hat er Vorbilder hellenisch-römischen und germanischen Eros gelebt und gestaltet von der unteren Grenze der Erotik in den römischen Elegien bis zur Veredelung des Ewig-Weiblichen im Gretchen, in Dorothea und Iphigenie. Nie hat er Sinnesfreuden verneint und blieb dennoch stets Herr seiner Triebe. Der berühmte Arzt und Maler Carl Gustav Carus, einer der Freunde Goethes, hat uns berichtet, daß dieser Gläubige des Eros auch ein Verzichtender gewesen ist und im Rhythmus von Genuß und Entsagung seine schöpferischen Kräfte zu steigern vermochte.

Carus streift damit das Verhältnis von Erotik und Genialität, das für unsere Kultur und ihre Erneuerung wesentlich wäre. Nicht die erschlaffende Enthemmung, sondern die den Willen stählende Stauung und Speicherung der erotischen Kräfte stimuliert das schöpferische Leben und Gestalten. Michelangelo, Kant, Beethoven, Schopenhauer bezeugen dies. Nietzsche, von vielen nur als Prophet dionysischen Rausches mißverstanden, hat dieses Kulturgesetz erkannt — und gelebt:

„Eine relative Keuschheit, eine grundsätzliche und kluge Vorsicht vor Eroticis, selbst in Gedanken, kann zur großen Vernunft des Lebens auch bei reich ausgestatteten Naturen gehören. Der Satz gilt insonderheit von den Künstlern, er gehört zu deren bester Lebensweisheit. Völlig unverdächtige Stimmen sind schon in diesem Sinne laut geworden: Ich nenne Stendhal, Th. Gautier, auch Flaubert. Der Künstler ist vielleicht seiner Art nach ein sinnlicher Mensch, erregbar überhaupt, zugänglich jedem Sinne, dem Reize, der Suggestion des Reizes schon von fernher entgegenkommend.

Trotzdem ist er im Durchschnitt, unter der Gewalt seiner Aufgabe, seines Willens zur Meisterschaft, tatsächlich ein mäßiger, oft sogar ein keuscher Mensch. Sein dominierender Instinkt will es so von ihm: Er erlaubt ihm nicht, sich auf diese oder jene Weise auszugeben. Es ist ein und dieselbe Kraft, die man in der Kunstkonzeption und im geschlechtlichen Aktus ausgibt: es gibt nur eine Art Kraft. Hier zu unterliegen, hier sich zu verschwenden ist für einen Künstler verräterisch: es verrät den Mangel an Instinkt, an Willen überhaupt, es kann ein Zeichen von décadence sein —, es entwertet jedenfalls bis zu einem unausrechenbaren Grade seine Kunst."

Dieser Satz enthält höhere psychologische Einsicht in die Kulturkraft des Eros als die gesamte Literatur des Freudianismus. Dieser hat das Verhältnis von Geist und Sexus total verfälscht. Darum muß heute die Erotik gegen den zügellosen Pansexualismus verteidigt werden, dessen letzte Konsequenz der Kältetod des Eros wäre. Diese Hypersexualität wird zur Gefahr für eine Kultur, die gerade in der Spannung zwischen Triebbeherrschung und Lusterfüllung ihre schöpferischen Kräfte entfalten konnte. Nicht gegen das Leben, im Namen des Lebens verteidigen wir den Eros gegen seine sexualistische Entartung.

Goethe, der „antike Mensch" (Herder), hatte die dionysische Gefahr in sich erkannt und apollinisch besiegt. Der faustisch Wollende, nicht der faunisch Genießende könnte helfend und heilend wirken auf eine vom Chaos bedrohte, zügellose Gesellschaft. Seine Maxime, die er Eckermann am 21. März 1830 bekannte, erscheint wie eine Mahnung an unsere Zeit:

„Die Hauptsache ist, daß man lerne, sich selbst zu beherrschen. Wollte ich mich ungehindert gehen lassen, so läge es wohl in mir, mich selbst und meine Umgebung zugrunde zu richten."

Kultur und Sexus schließen sich also aus, wie sich Kultur und Eros bedingen. Seine Wiedergeburt hängt von unserem ethischen Willen ab. Nur ein höherer Grad von Selbstbeherrschung erlaubt größere Freiheit — auch in der Erotik. Wer das billiger erreichen möchte, verliert sich in Illusionen. Vermöchten wir diese Kraft des Wollens zu erneuern, dann bräuchte unsere Kultur nicht im Pansexualismus zu versinken. Vielleicht mußten wir diesen Sumpf durchschreiten, um im Blick auf Hellas und die Stauferzeit neue Wege zum kultivierten Eros zu finden.

NACHWORT

Der Leser mit höheren Ansprüchen wird unschwer feststellen: In diesem Buche wird mit einem Problemkreis gerungen, der leichter in fünf Büchern als in einem zu behandeln wäre. Eine solch monumentale Aufgabe mit wissenschaftlicher Akribie zu bewältigen dürfte jedoch Kraft und Zeit eines einzelnen Autors überfordern. Die exakte Gestaltung einer Kultur- und Sittengeschichte der Erotik in Antike, Neuzeit und Gegenwart wäre wohl nur als gemeinschaftliches Unternehmen zu leisten, zu dem sich eine Reihe von Fachwissenschaftlern verbünden müßte: Erbbiologen und Humangenetiker, Mediziner, Anthropologen, Soziologen und Psychologen, Theologen, Archäologen, Kunsthistoriker, Kulturphilosophen und Ethiker. Hier sollten und konnten allein die Leitmotive angeschlagen werden. Das Ergebnis vermag nur eine kulturgeschichtliche Studie zu sein, eine Skizze und Anregung zu erschöpfender Behandlung, und zwar auf der Grundlage kausaler Beziehungen zwischen Anthropologie, Erotik und Kultur. Diese Begrenzung erzwang auch den Verzicht auf genauere wissenschaftliche Quellennachweise. Es galt vielmehr, die wesentlichen Züge einer solchen Problemstellung plastisch herauszuarbeiten. Vielleicht ist dieser Versuch gelungen.

Der Hauptteil des Manuskriptes war bereits vor vielen Jahren abgeschlossen. Die nach meiner Kampfschrift „Die sexuelle Revolution“ erschienenen Arbeiten von Gustav Sichelschmidt „Wie im alten Rom — Dekadenzerscheinungen damals und heute“ (1971/2, Velbert), Dr. Armin Mohler „Sex und Politik“ (1972, Freiburg) und Dr. Kurt Port „Sexdiktatur — Volksverdummung, Volksverführung, Volksvernichtung“ (1972, Eßlingen) darf ich weitgehend als Bestätigung meiner Auffassung betrachten. Besonders das Werk von Dr. Kurt Port, der ein verwandtes Thema auf wertphilosophischer und ethischer Grundlage behandelt, wenn auch ohne Bezug auf die Antike, sei als Vertiefung und Ergänzung jedem Leser empfohlen.

Möchten diese Bücher Anzeichen dafür sein, daß der Kampf gegen die Kulturgefahr des Pansexualismus begonnen hat und die rettenden und heilenden Kräfte sichtbar werden! H. H.

LITERATUR

Altheim F.: Römische Geschichte, 1951
Aristoteles: Hauptwerke (Nestle), 1953
Bachofen J. J.: Das Mutterrecht, 1861
Berve H.: Griechische Geschichte, 1951
Burckhardt J.: Griechische Kultur, 1941
Carus C. G.: Goethe, 1948
Darlington C. D.: Die Gesetze des Lebens, 1959
Domaszewski A. v.: Geschichte der römischen Kaiser, 1922
Friedländer L.: Sittengeschichte Roms, 1934
Gobineau Graf J. A.: Essai sur L'Inégalité des Races Humains, 1853 bis 1855
Grönbech W.: Kultur und Religion der Germanen, 1937—39
Grünwedel A.: Tusca, 1922
Günther H. F. K.: Formen und Urgeschichte der Ehe, 1951
Günther H. F. K.: Lebensgeschichte des Hellenischen Volkes, 1956
Günther H. F. K.: Lebensgeschichte des Römischen Volkes, 1957
Hamilton G. v. T.: A Research in Marriage, 1929
Hartmann M.: Die Sexualität, 1943
Hartmann N.: Der Aufbau der realen Welt, 1940
Heine H.: Die romantische Schule, 1910
Helbok A.: Deutsche Volksgeschichte, 1964
Heusler A.: Germanentum, 1934
Kornemann E.: Römische Geschichte, 1938—39
Kossina G.: Die deutsche Vorgeschichte, 1936
Kummer B.: Midgards Untergang, 1938
Landmann S.: Die Juden als Rasse, 1967
Meyer E.: Die Indogermanenfrage, 1949
Mohler A.: Sex und Politik, 1972
Mommsen Th., Römische Geschichte, I—III, 1933
Müller K. O.: Die Etrusker, 1877
Neckel G.: Liebe und Ehe bei den vorchristlichen Germanen, 1934
Nestle W.: Griechische Geistesgeschichte, 1944
Nestle W.: Die Krisis des Christentums, 1947
Nietzsche F.: Der Antichrist, 1926

Peuckert W. R.: Ehe, 1955
Pfister K.: Untergang der antiken Welt, 1943
Port K.: Sex-Diktatur, 1972
Reche O.: Rasse und Heimat der Indogermanen, 1936
Rohde E.: Psyche, 1890—94
Rosenberg A.: Der Mythos des 20. Jahrhunderts, 1930
Sichelschmidt G.: Wie im Alten Rom, 1972
Schachermeyr F.: Indogermanen und Orient, 1944
Schachermeyr F.: Etruskische Frühgeschichte, 1929
Schuchardt C.: Alteuropa, 1935
Tacitus: Germania (Kornemann), 1946
Unwin J. D.: Sex and Culture, 1934
Vries J. de: Altgermanische Religionsgeschichte, 1935

Vom gleichen Verfasser sind unter anderem erschienen:

Die sexuelle Revolution — Genosse Porno regiert

62 Seiten, 6 Bildseiten, 4,80 DM (National-Verlag, Hannover)

Freispruch für Deutschland — unsere Soldaten vor dem Nürnberger Tribunal

345 Seiten, 16 Bildseiten, 24 DM (K. W. Schütz Verlag, Pr. Oldendorf)

Die Kriegsschuld der Sieger — Roosevelts, Churchills und Stalins Verbrechen gegen den Weltfrieden

341 Seiten, 16 Bildseiten, kart. 9,80 DM (K. W. Schütz Verlag, Pr. Oldendorf)

Amerikas Krieg gegen Deutschland — Wilson gegen Wilhelm II. — Roosevelt gegen Hitler

322 Seiten, 16 Bildseiten, 24 DM (K. W. Schütz Verlag, Pr. Oldendorf)

Großdeutschland — Traum und Tragödie — Rosenbergs Kritik am Hitlerismus

308 Seiten, 8 Bildseiten, 24 DM (Selbstverlag)

Zu beziehen durch:

Türmers Bücherdienst, 8032 Lochham bei München, Postf. 10